C.H.BECK ■ WISSEN

in der Beck'schen Reihe
2007

W0053411

Jeder Mensch kennt Angst, jeder muß mit ihr zurechtkommen. Angst stellt einen elementaren Ausschnitt der Welt in uns und um uns dar. Angst kann aber auch leicht entgleisen, außer Kontrolle geraten, zu einer eigenständigen und schweren Angstkrankheit werden. Dieses Buch gibt eine Übersicht über die Erscheinungsformen von Angst und ihre seelischen und körperlichen Entstehungsbedingungen. Auch mögliche Angstmechanismen in den neuronalen Netzwerken des Gehirns werden erläutert. Eine komprimierte Darstellung der Behandlungsmöglichkeiten soll dazu ermuntern, die Erfolgschancen der richtig eingesetzten psychotherapeutischen und medikamentösen Maßnahmen sowie anderer Hilfen frühzeitig zu nutzen, denn Angst und Schmerz erfordern entschiedenes Handeln, um Chronifizierung zu vermeiden.

Professor Dr. med. *Friedrich Strian* ist Facharzt für Neurologie und Psychiatrie und Autor wissenschaftlicher Arbeiten zur Neurobiologie psychiatrischer Erkrankungen und zur Entwicklung von Schmerzmeßmethoden. Er ist Verfasser des Handbuches *Angst – Grundlagen und Klinik. Ein Handbuch zur Psychiatrie und Medizinischen Psychologie* (1983). In der Reihe C. H. Beck Wissen ist bereits von ihm erschienen: *Schmerz. Ursachen – Symptome –Therapien.* Strian ist Leiter der Neurologischen Ambulanz des Max-Planck-Instituts für Psychiatrie in München.

Friedrich Strian

ANGST UND ANGSTKRANKHEITEN

Verlag C. H. Beck

Mit 18 Abbildungen und 8 Tabellen

Die Deutsche Bibliothek – CIP-Einheitsaufnahme

Strian, Friedrich:
Angst und Angstkrankheiten / Friedrich Strian. –
Orig.-Ausg. – 3. Aufl. – München : Beck, 1998
  (Beck'sche Reihe ; 2007 : C. H. Beck Wissen)
  ISBN 3 406 39007 2
NE: GT

Originalausgabe
ISBN 3 406 39007 2

3. Auflage. 1998
Umschlagentwurf von Uwe Göbel, München
© C. H. Beck'sche Verlagsbuchhandlung (Oscar Beck), München 1995
Satz: Presse-Druck- und Verlags-GmbH, Augsburg
Druck und Bindung: C. H. Beck'sche Buchdruckerei, Nördlingen
Gedruckt auf säurefreiem, alterungsbeständigem Papier
(hergestellt aus chlorfrei gebleichtem Zellstoff)
Printed in Germany

Inhalt

I. Zum Verständnis normaler und krankhafter Angst

1. Angst des Alltags und Angst als Krankheit

Angst ist eine lebensnotwendige Reaktion und Erfahrung. Angst dient der Bewältigung realer oder vorgestellter Bedrohungen, zum einen durch die unmittelbare psychophysische Aktivierung und zum anderen durch die dadurch veranlaßten Lösungsstrategien. Angst ergreift den gesamten Menschen. Angst ist immer psychisches *und* körperliches Geschehen. Angst ohne die körperlichen Symptome wie Herzklopfen, feuchte Hände, Muskelzittern ist eher eine Art intellektueller Besorgtheit, die nichts mit tatsächlicher Angst, geschweige denn mit krankhafter Angst zu tun hat. Die Angst erstreckt sich damit auf alle Wahrnehmungs-, Vorstellungs- und Verhaltensbereiche des Menschen. Sie ist eine oft ebenso schwere körperliche wie seelische Belastung, und sie reicht von der neurochemisch-molekularen Ebene über das individuelle Erleben bis in gesellschaftliche Bereiche und philosophisch-theologische Lebensentwürfe. Da die Angst im biologischen Bereich eine elementare, zum Überleben notwendige Alarmreaktion darstellt, ist es nicht verwunderlich, daß hierfür eine Art „biologisches Alarmsystem" existiert, das durchaus vergleichbar ist mit dem Alarmsystem Schmerz. Während Schmerz vor Schädigungen des Organismus selbst warnt, greift Angst über das Individuum hinaus und richtet sich auf Bedrohungen der Außenwelt, der mitmenschlichen Beziehungen, und sie umschließt oft auch metaphysische Dimensionen. Die Warnsignale Angst und Schmerz benutzen dabei ähnliche neurobiologische Mechanismen, um die Priorität gegenüber allen anderen Wahrnehmungen zu gewährleisten (bei Schmerz vorwiegend auf Rückenmarks-, bei Angst vorwiegend auf Gehirnebene). Entwicklungsgeschichtlich gesehen, stellen die „Angststrukturen" alte Gehirnanteile dar, die erst beim Menschen in die höheren psychischen Funktionen integriert wurden.

Gegenüber den notwendigen und angemessenen Ängsten

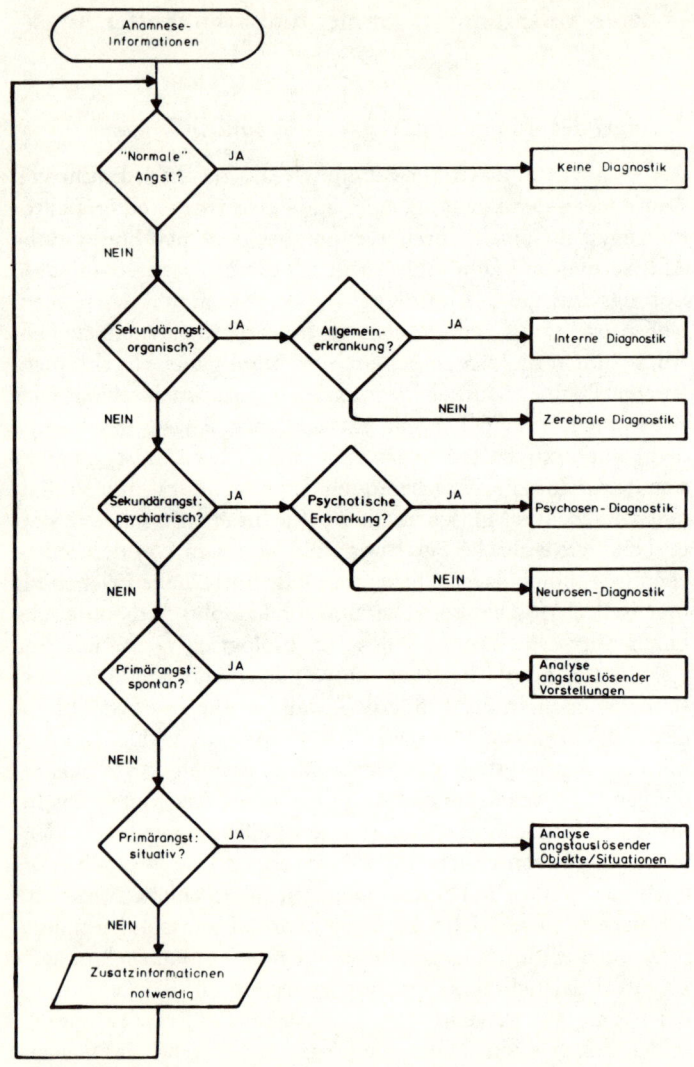

Abb. 1: Diagnostischer Entscheidungsbaum zur Abgrenzung der internistischen und neuropsychiatrischen Sekundärängste von den primären Angstkrankheiten (aus Strian 1984)

stellt die krankhafte Angst eine eskalierte, verselbständigte Angst dar, die ihrem eigentlichen Sinn der Entscheidungsfindung und der Entwicklung von Bewältigungsstrategien im Wege steht, die eine hilflose Angst geworden ist. Auch hier kann eine einseitige Betrachtung irreführen und schaden, da pathologische Angst auch ausschließlich durch die Störung bestimmter Hirnstrukturen verursacht sein kann, wie etwa bei epileptischen Angstanfällen. Eine Angstkrankheit, bei der die exzessiven Bedrohungsereignisse die neuronalen „Angststrukturen" zu überfordern scheinen und bei der eine Art „molekulares Angstgedächtnis" auftritt, ist die posttraumatische Belastungskrankheit, die in der jüngeren Vergangenheit an Holocaust-Überlebenden, Vietnam-Veteranen und Terror- und Verbrechensopfern deutlich wurde. Die oft lebenslange Fortdauer dieser Angstform weist auf ihre biologische Verankerung hin, die zugleich die Behandlung erschwert. In der Diagnostik von Angst sollte daher stets eine Art Entscheidungsbaum durchlaufen werden, in dem zuerst Sekundärängste (bei körperlichen und psychiatrischen Grunderkrankungen) abgegrenzt werden und erst dann die Differenzierung der eigentlichen Angstkrankheiten, der Primärängste, erfolgt (Abb. 1). Die Darstellung der klinischen Angstformen soll sich aus dem gleichen Grund nicht auf rein psychologische Aspekte und primäre Angstkrankheiten beschränken, wie sie Psychologen und Psychiater behandeln, sondern auch wichtige Angstformen anderer Lebens- und Medizinbereiche berücksichtigen und darüber hinaus psychische und körperliche Gegebenheiten auf klinischer, experimenteller und therapeutischer Ebene benennen. Die bessere Kenntnis der unterschiedlichen Angstfacetten läßt zudem wirksamere Behandlungsverfahren erwarten.

2. Wann ist ärztliche Hilfe notwendig?
Einteilungen und Abgrenzungen

Angst kann unangenehm, belastend, beeinträchtigend, behindernd, quälend sein – Angst als solche bedarf aber keineswegs immer einer Behandlung. Manche Ängste sind motivierend und leistungssteigernd, sie fördern Offenheit, Nachdenklichkeit, Problembewußtsein und können damit ein wesentliches Element der Problemlösung sein. Gegenüber all diesen Besorgnissen, Befürchtungen, Ängstlichkeiten und Ängsten entwickelt jeder Mensch unterschiedlichste Bewältigungsstrategien und kommt deswegen mit solchen Alltagsängsten ganz überwiegend gut zurecht. Auch das Sprechen über Angst stellt einen Teil der Angstbewältigung dar. Gerade deswegen sollten aber Alltagsängste – auch wenn sie zuweilen eine durchaus schwere Belastung darstellen – nicht mit krankhaften Ängsten, den Angstkrankheiten, verwechselt werden. Die krankhafte Angst unterscheidet sich dabei von normaler Angst durch ihre Intensität, Dauer und „Unangemessenheit" zum situativen Kontext, manchmal auch durch die Angstform als solche (wie z.B. das spontane Hereinbrechen der Panikattacke). Die krankhaften Ängste stehen also entweder in Diskrepanz zur aktuellen Bedrohungssituation oder treten überhaupt losgelöst von äußeren Bedingungen auf. Im ersten Fall liegt eine situative, im zweiten Fall eine spontane Angst vor, d.h. eine Phobie oder ein Angstanfall. Die dritte Angstform entwickelt sich aus einer anfänglich angemessenen Angst, bei der die zugrundeliegende, konkrete Bedrohung aber so massiv ist, daß die zunächst notwendige Angst eskaliert, außer Kontrolle gerät und zu einer eigenständigen Angstkrankheit wird. Es handelt sich um die Angststörungen bei lebensbedrohlichen Erkrankungen oder außergewöhnlichen Belastungen, wie z.B. individuellen und kollektiven Gewalttaten. Diese Patienten sind somit weit mehr Opfer von Aggressivität und Zerstörung als primäre Angstpatienten. (Eine Übersicht zu den Angststörungen gibt das Inhaltsverzeichnis von Kapitel 2 und 3 wieder.)

Solche Überlegungen machen rasch deutlich, daß angemessene und krankhafte Angst, eigene und therapeutische Hilfen oft nicht scharf voneinander abzugrenzen sind und zudem jede Angst ein individuelles Erscheinungsbild und einen biographischen, persönlichen und gesellschaftlichen Hintergrund hat. Bei den Angstkrankheiten im engeren Sinn spielt außerdem die genetische Disposition eine Rolle, was sich u.a. in ähnlichen

Prävalenzraten z. B. in Deutschland und in den USA widerspiegelt (Tab. 1).

Art der Angsterkrankung	Lebenszeitprävalenz	
	USA	BRD
Panikstörung	1.6	2.4
Generalisierte Angststörung	6.6	–
Agoraphobie	5.6	5.7
Soziale Phobie	2.7	2.5
Einfache Phobie	11.3	6.2
Alle Angsterkrankungen	14.6	13.9

Tab. 1: Häufigkeit der Angstkrankheiten (Lebenszeitprävalenz in USA und Westdeutschland – nach einer Zusammenstellung von Kasper u. Ruhrmann 1993)

Die Indikation zu einer Angstbehandlung kann durchaus pragmatisch gestellt werden. Sie ist immer dann gegeben, wenn die Angst für den Patienten eine deutliche Behinderung darstellt, nicht durch die äußeren Bedingungen hinreichend zu erklären ist und nicht durch eigene Bewältigung gelöst werden kann. Die genaue Analyse aller Bedingungsfaktoren erlaubt somit fast immer eine eindeutige Entscheidung über die Behandlungsbedürftigkeit.

3. Psychische Angstelemente: Angst in der Lebens- und Lerngeschichte

Seit im vorigen Jahrhundert der „Blick nach innen", in die seelischen Strukturen und Motive des Menschen geöffnet worden war und Freud ein scheinbar universelles Modell der seelischen Strukturen vorgestellt hatte, wurde der Angst eine immer stärkere Bedeutung für alle seelischen und schließlich auch für viele körperlichen Erkrankungen zugemessen. Zahllose Theorien, zumeist nur exemplarisch erläutert, wurden bis in die neuere Zeit vorgebracht. In unserem Jahrhundert gewannen außerdem Beobachtungen der lerntheoretisch und kognitiv orientierten Psychologie zunehmende Beachtung (z. B. klassisches und instrumentelles Lernen sowie Rückspiegelung der Umwelt am eigenen Verhalten), so daß nochmals eine Fülle – nunmehr auch experimentell belegter – Angsttheorien entwickelt wurde. Obwohl die erbitterten Fehden zwischen den einzelnen Schulen abgeklungen sind und derzeit ein für den Patienten durchaus nützlicher Pragmatismus vorzuherrschen scheint, ist es für den Patienten fast unmöglich zu wissen und schon für die Ärzte schwer durchschaubar, welcher Therapeut welches Angstmodell favorisiert.

Bemerkenswerterweise hatte bereits Freud eine diametrale Änderung seiner Auffassungen zu Angst durchlaufen. Während er anfänglich Angst als Folge der Blockierung von körperlicher Erregung oder Triebansprüchen interpretierte („fehlende Abreaktion"), stellte er später die Angst ins Zentrum der psychischen Störungen und bewertete sie als die eigentliche Krankheitsursache. Aus dieser Sicht ist Angst ein primär im Psychischen begründeter Prozeß, der seinerseits eine Vielfalt von Abwehrmechanismen und ungeeigneten Bewältigungsstrategien mit entsprechenden psychischen Fehlhaltungen auslöst (vgl. dazu auch die existenzphilosophischen Interpretationen von Angst im Abschnitt I.6). Die Angsttheorie Freuds ist dabei nicht ohne seine weiteren Vorstellungen zur Struktur des Psychischen verständlich, in der das Ich (Ego) gewissermaßen von zwei Seiten her, nämlich von den Triebansprüchen (Es) und der Gewissensinstanz (Über-Ich), in Bedrängnis und Konflikt geraten kann. Die in den frühkindlichen Prägephasen erworbenen Ambivalenzen können dann unter den spezifischen Anforderungen späterer Reifungsabschnitte zur Dekompensation unter dem Bild psychischer oder psychosomatischer Erkrankungen führen. Heute wird allerdings angenommen, daß Angstkonflikte durch Störungen in allen Entwicklungsabschnitten und im Kontext aller mitmenschlichen Beziehungen entstehen können. Auch die Ausweitung der Freudschen Angsttheorie auf die Entstehung körperlicher Erkrankungen (Asthma bronchiale, Schilddrüsenüberfunktion etc.) hat sich als unzulässige Generalisierung erwiesen.

Der wesentlichste Beitrag unseres Jahrhunderts zum Verständnis der Entstehung von Angst und Angstkrankheiten sind die *lerntheoretischen Modelle*, die seither zahlreiche Weiterentwicklungen erfahren haben. Die klassische Beobachtung war, daß Kinder vor Gegenständen Angst entwickelten, wenn kurz vor deren Darbietung ein unangenehmes Geräusch erfolgt war. Das Erschrecken vor dem Geräusch heftet sich gewissermaßen an die Gegenstände ("klassische Konditionierung"). Diesem naiven Modell steht aber entgegen, daß sich die so entstandene Angst rasch verflüchtigt, gelöscht wird (Extinktion) und daß letztlich nur länger dauernde Reizstimulationen, die mit einer zusätzlichen Verstärkung des ängstlichen Verhaltens verbunden sind, zu einer Angstfixierung führen können ("operante Konditionierung"). Für die Widerstandsfähigkeit gegen solche Angstentwicklungen ist wiederum das Verhalten der Umgebung wesentlich. Beim Menschen reicht zudem der bloße zeitliche Zusammenhang zweier Reize für eine Konditionierung zumeist nicht aus, vielmehr scheint auch die damit verknüpfte "Modellbildung" – d.h. Vorstellungen und Erwartungen über die Abfolge von Wahrnehmungen und Ereignissen – eine Rolle zu spielen. Die vorausgehenden Ereignisse müssen Signalwert für die nachfolgenden gewinnen. Angstauslösende Situationen konditionieren daher um so stärker, je größer die Diskrepanz zwischen tatsächlicher und erwarteter Bedrohung ist und umgekehrt. Eine weitere wichtige Rolle für die Angstentstehung spielt das sog. Lernen am Vorbild (Modellernen). Das Lernen emotionaler Reaktionen am Verhalten von Bezugspersonen, z.B. den Eltern, wird auch dadurch gefördert, daß Emotionen generell leicht übertragbar sind. Emotionen und Angst sind dabei vorwiegend durch bildhafte Eindrücke bestimmt. Solche Eindrücke bleiben dann oft für das gesamte spätere Leben bedeutsam ("emotionale Gedächtnisschemata" – siehe auch Pathophysiologie von PTSD). Auch Angst ist häufig durch bildhafte Vorstellungen und durch eine direkte, "apriorische" Reaktionsform charakterisiert, was therapeutisch im "katathymen Bilderleben" genutzt werden kann.

Zu einer realistischeren Einschätzung der Entstehung pathologischer Angst hat ferner die *sozial-kognitive Lerntheorie* beigetragen. Nach diesem Lernmodell werden vor allem solche Verhaltensweisen erlernt und in das Verhaltensrepertoire integriert, die soziale Bestätigung finden. Kognitive Prozesse steuern dabei die Wechselwirkungen des Verhaltens mit der Umgebung. Lernen besteht vor allem in Konzepten über das eigene Verhalten und dessen soziale Rückwirkungen, so daß Lernprozesse letztlich als eine Form der Selbstregulation (mit Selbstbeobachtung, Selbstbeurteilung und Selbstverstärkung) betrachtet werden. Angstbewältigung bedeutet aus dieser Sicht, Situationen angemessen einschätzen zu können und Vertrauen in die eigenen Fähigkeiten zu gewinnen. Schon eine rein fiktive (vermeintliche) Kontrolle über eine Situation kann daher angstmindernd wirken. Die negative Einschätzung einer bedrohlichen Situation wird dagegen zu einer betonten Wahrnehmung der negativen Situationsmerkmale führen, wodurch wiederum die Lösungsbemühungen geringer, stereotyper und auswegloser werden. Ängstliche Personen malen sich häufig die schlimmsten Folgen oder gar eine unabwendbare Katastrophe aus („self fulfilling prophecy"). Nach der Konflikttheorie führt außerdem die ängstliche Ambivalenz und Unentschlossenheit in bedrohlichen Situationen zur Blockade zielgerichteter und effektiver Reaktionen. Die möglichen Bewältigungsstrategien werden gewissermaßen durch die sich gegenseitig ausschließenden Verhaltenstendenzen blockiert. Diese Ambivalenzblockade kann daher als Pendant zur intrapsychischen Konfliktkonstellation von Ich-, Trieb- und Gewissensansprüchen gesehen werden. Die Erkennung einer Angstform und insbesondere die Entwicklung eines individuellen Therapieplans erfordert daher stets eine vorangehende Analyse der Biographie und möglichst vieler Bedingungs- und Motivationsfaktoren.

4. Körperliche Angstelemente – Gehirn und Angst

Die körperlichen Angstsymptome wie Herzpochen, Atembeklemmung, Schwitzen, Muskelschwäche, das Gefühl der drohenden Ohnmacht und einer merkwürdig veränderten, oft traumhaften Selbst- und Umgebungswahrnehmung (Depersonalisation, Derealisation) machen nicht nur die eigentümliche Betroffenheit und Unabweisbarkeit von Angst aus, sondern sie zeigen auf unmittelbare Weise, daß der Mensch auch und gerade in bedrohten Situationen ein im Wortsinn leib-seelisches Wesen ist und eine Betrachtung von Angst ohne die körperlichen Angstelemente geradezu absurd und therapeutisch verhängnisvoll wäre. Es gibt also keine Angst, die nicht unter Beteiligung jener Hirnstrukturen abläuft, die für Bedrohungswahrnehmung (Perzeption), Bedrohungsbewertung (Kognition) und Bedrohungsantwort (Verhaltensreaktion) verantwortlich sind. Die frühere Frage, ob Emotionen peripher oder zentral ausgelöst sind, erweist sich heute als falsch gestellt, da Organerkrankungen als solche zwar keinesfalls Angst auslösen, aber der mit einer Organerkrankung verbundene Wahrnehmungsprozeß durchaus bis zu einer massiven Angststörung eskalieren kann. Wir wissen heute, daß alle Wahrnehmungs- und Steuerungsprozesse des Nervensystems Rückkopplungsprozesse sind, so daß jede Art von „Einbahnstraßen-Modell" grundsätzlich falsch ist. Gut belegt ist in neuerer Zeit, daß gerade die Wahrnehmung der mit Angst verbundenen körperlichen Mißempfindungen in vielfältiger Weise zur Verstärkung, Ausweitung, Fixierung und Chronifizierung der Angst beitragen kann. Bedrohungswahrnehmung, Bedrohungsvorstellung, körperliche Mißempfindungen und subjektive Angst bilden somit ein enges Geflecht wechselseitiger Beeinflussung, insbesondere aber einer möglichen Verstärkung.

Im Hinblick auf zugrundeliegende Hirnfunktionen lassen sich Angstreaktionen als eine Art Warnsignal und die zugeordneten Hirnstrukturen als eine Art Alarmsystem betrachten. Das Alarmsystem wird daher normalerweise nur in Gang gesetzt bei tatsächlichen äußeren (oder inneren) Bedrohungen. Diese Bedrohungen können realistisch-konkret sein, aber auch ausschließlich der Vorstellungs- und Gedankenwelt entspringen. Psychologisch gesprochen, lösen somit perzeptive und/ oder kognitive Prozesse die Angstreaktion aus oder, neuropsychologisch gesprochen, Hirnrindenprozesse aktivieren subkortikale, limbische Hirnstrukturen (Abb. 2).

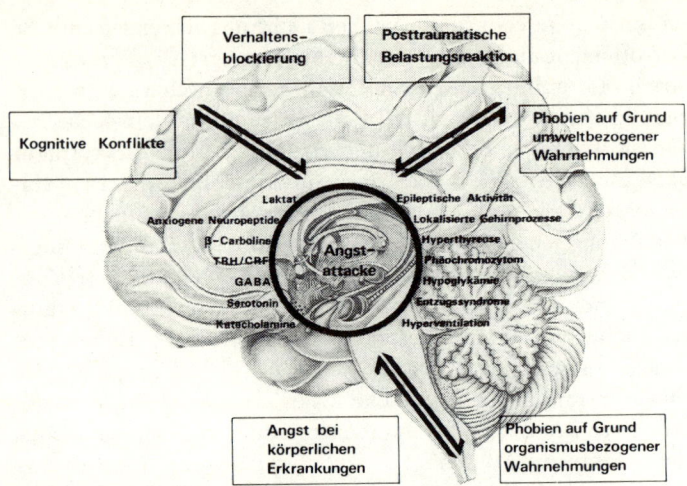

Abb. 2: Schema der kortikalen und subkortikal-limbischen Angstmechanismen („biologisches Alarmsystem") (aus Strian 1988)

Unangemessene, pathologische Angst kann daher aus drei Bedingungen heraus auftreten:

1. Die Bedrohungseinschätzung ist falsch. Beispiel ist die Fehleinschätzung wenig oder nicht bedrohlicher Bedingungen (z. B. bei Phobien).

2. Die Alarm- oder Bedrohungsstrukturen selbst sind gestört. Beispiel ist die spontane und anfallsweise Angst (z. B. epileptische Angstattacken bei Prozessen im mediobasalen Schläfenlappen).

3. Das Warnsignal Angst klingt nicht ab. Es kommt nicht zu Adaptation, sondern im Gegenteil zur Erregungs- und Angsteskalation. Beispiel ist die sog. posttraumatische Belastungskrankheit mit anfangs angemessener, später eskalierter, verselbständigter Angst.

Das Paradigma der Spontanangst ist der epileptische Angstanfall, der durch eine abnorme, epileptische Erregung in den subkortikalen „Alarmstrukturen" zustande kommt, d. h. die Angst tritt hier ausschließlich durch Störungen im Alarmsy-

16

stem selbst bzw. in den für die Angstreaktion bedeutsamen Hirnstrukturen auf. Ob bei den sog. Panikattacken biochemische und neuroendokrine Änderungen in den gleichen oder zugeordneten Angststrukturen zugrundeliegen und/oder kognitive Auslöser eine Rolle spielen (oder beides), ist bislang nicht entschieden. Sicher ist aber, daß unterschiedlichste Prozesse in den „Alarmstrukturen" Anfallsangst auslösen können, wie z. B. Störungen der Hormonachsen und der Rezeptoren-, Neurotransmitter- und Neuromodulatorensysteme.

Die Frage nach den „Alarm- oder Angststrukturen" kann sich heute auch auf Beobachtungen am Menschen stützen und muß sich nicht auf tierexperimentelle Analogien beschränken. Wir wissen heute, daß unterschiedlichste Krankheitsprozesse des Gehirns (Tumore, Verletzungen, Entzündungen u. a.) auch anfallsweise Angst auslösen können, die sich vielfach nicht von den sog. Panikattacken unterscheidet. Allerdings wird diese Angst nicht durch Prozesse in beliebigen Hirnregionen ausgelöst, sondern fast ausschließlich in der Lokalisation der tiefgelegenen, mediobasalen Schläfenlappenstrukturen (Abb. 3). Diese

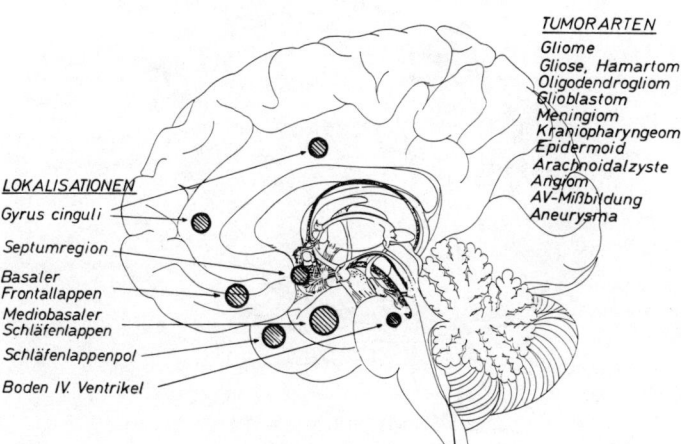

Abb. 3: Lokalisationen zerebraler Prozesse, bei denen Angstanfälle berichtet wurden (aus Strian 1993)

Hirnstrukturen umschließen den Hirnstamm ähnlich wie ein „Rollkragenpullover". Bei senkrechter Bildebene (z. B. entsprechender Schnittebene im kranialen Computertomogramm) wird dann eine seepferdchenähnliche Struktur sichtbar, die zum Namen Hippokampus geführt hat. Der Hippokampus und der benachbarte Mandelkern sind die wichtigsten Funktionsgebiete des mediobasalen Schläfenlappens und stehen in vielfältiger Verbindung zu Nachbarschaftsstrukturen, die auch als „limbisches System" zusammengefaßt werden (Abb. 4). Es handelt sich bei den limbischen Strukturen um eine Achse an der Gehirnbasis, die den Hirnstamm mit den vegetativen und hormonellen Zentren (Hypothalamus, Hypophyse) verbindet und zudem über ringförmige Strukturen ober- und unterhalb des Balkens Hippokampus und Mandelkern mit fernabgelegenen Hirngebieten verknüpft. Aber nicht nur Gehirnprozesse und

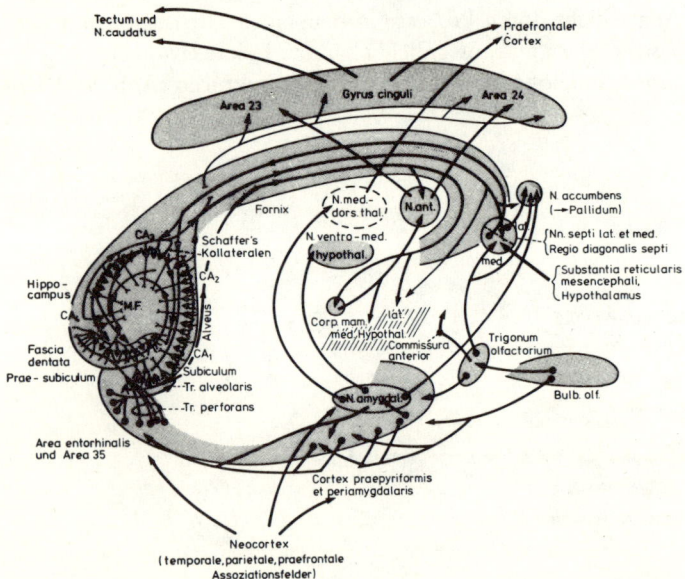

Abb. 4: Neuroanatomisches Schema der Verbindungen subkortikaler, limbischer Strukturen und der Hirnrinde (nach Creutzfeldt 1983)

epileptische Entladungen in diesen Strukturen lösen Spontanangst aus, sondern Angst kann auch durch gezielte (stereotaktische) Gehirnreizung – wie sie vor bestimmten Gehirnoperationen notwendig ist – hervorgerufen werden. Angst ist in diesen Hirnstrukturen sogar das mit Abstand häufigste Provokationssymptom, noch vor allen anderen Anfallsphänomenen, wie etwa traumartige Bilder und Szenen oder gewisse Bewegungsstereotype (vgl. Epileptische Angstanfälle, Abschnitt III.4).

Die mediobasalen Schläfenlappenstrukturen mit Hippokampus und Mandelkern sind zudem durch zwei Besonderheiten charakterisiert, die sich mit den Begriffen Konvergenz und neuronale Plastizität umreißen lassen (vgl. PTSD, Abschnitt III.5).

Mit dem Begriff *Konvergenz* ist gemeint, daß Hippokampus und Mandelkern Verbindungen einerseits zur Hirnrinde (Wahrnehmungsfelder, Gedächtnisspeicher) und andererseits zu den vegetativ-endokrinen und motorischen Zentren haben. Der mediobasale Schläfenlappen läßt sich daher verstehen als eine Art Schnittstelle für unterschiedlichste, darunter auch emotional bedeutsame Informationen und erlaubt damit die Bewertung eines aktuellen Ereignisses als Bedrohung. Bei Erkennung einer bedrohlichen Situation wird dann die Bedrohungsreaktion samt ihren vegetativ-endokrinen und motorischen Komponenten (Angstverhalten) ausgelöst. Mit dem Begriff *neuronale Plastizität* ist gemeint, daß die mediobasalen Schläfenlappenstrukturen im besonderen Maße die Fähigkeit zur Erregungsverstärkung haben, wodurch bestimmte Informationen hervorgehoben werden und z.B. bedrohliche Informationen unmittelbar beantwortet und/oder abgespeichert werden können. Diese Erregungsverstärkung, die an den Schaltstellen der Nervenzelle (Synapsen) und in der Nervenzelle selbst erfolgt, stellt aber auch einen zweischneidigen Mechanismus dar, da sie unter wiederholten oder exzessiven Reizen eskalieren und außer Kontrolle geraten kann, so daß es zu andauernden abnormen Erregungen und möglicherweise sogar zu Anfällen kommt. Bei Anfällen, die von diesen Hirnstrukturen ihren Ausgang nehmen, handelt es sich dann wiederum häufig um Angstanfälle.

5. Neurochemische und neuroendokrine Befunde bei Angst

Im folgenden soll noch kurz auf zwei Beispiele neurochemischer bzw. neuroendokriner (hormoneller) Angstmodelle eingegangen werden, die zwar aus einer Vielzahl von Erregungsübertragungsstoffen (Neurotransmitter- und Neurohormonwirkungen) herausgegriffen sind, aber in enger Beziehung zu den genannten „limbischen Angststrukturen" stehen und besonders bei primären Angsterkrankungen von Bedeutung sein dürften.

Angst als Bedrohungsreaktion läßt sich auch als eine besondere Form der Streßreaktion verstehen, bei der das Streßhormon Cortisol und das zugeordnete Hormonsystem (Hypothalamus-Hypophysen-Nebennierenrinden-System, kurz: HPA-Achse) eine wesentliche Rolle spielen (Abb. 5). Überraschenderweise wurden aber gerade bei Panikattacken, die zumindest subjektiv eine besonders schwere Belastung darstellen, keine exzessiven Cortisolausschüttungen – und zuweilen auch keine exzessiven vegetativen Reaktionen – gemessen. Dies schließt jedoch eine Beteiligung der HPA-Achse keineswegs aus, jedoch scheinen hier eher die zentralen Steuerungsinstanzen dieses Hormonsystems beeinträchtigt zu sein. Bei Stimulation mit dem hypothalamischen Neuropeptid Corticotropin-Releasing-Hormon (CRH), das an der Hypophyse das adrenocorticotrope Hormon (ACTH) freisetzt, zeigen Patienten mit einer Panikstörung eine erniedrigte ACTH-Antwort („blunted ACTH-response"). Zudem führt die verminderte ACTH-Freisetzung nicht zu einer verminderten peripheren Cortisolausschüttung, so daß die Plasmacortisol-Werte normal, gelegentlich sogar (ähnlich wie bei Depressionen) erhöht sind. Als Ursache wird eine überhöhte hypothalamische CRH-Ausschüttung mit nachfolgender Unterempfindlichkeit von hypophysären CRH-Rezeptoren diskutiert. Diese CRH-Mehrausschüttung könnte daher eine unmittelbare Ursache für Angst oder Angstattacken sein, da CRH neben vielfältigen anderen Verhaltenseffekten auch angstauslösend wirken kann. Umgekehrt wird durch einige Benzodiazepine (z. B. Alprazolam) die

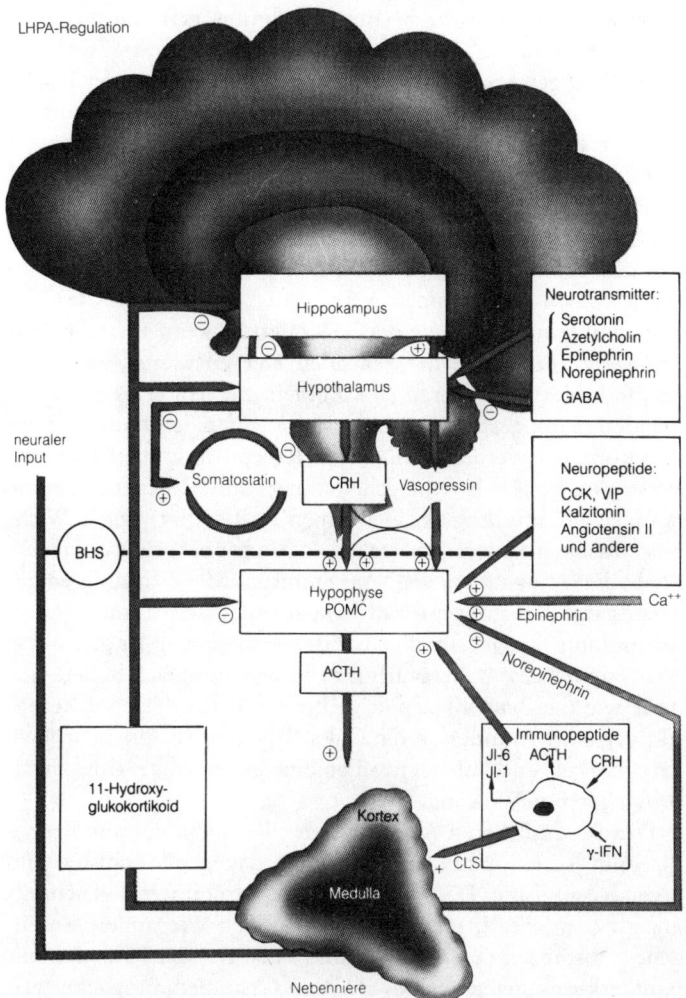

Abb. 5: Schema zur Regulation des Streßhormons Cortisol, zur Hypothalamus-Hypophysen-Nebennierenrinden-Achse und zu den Beziehungen des Hormonsystems zum mediobasalen Schläfenlappen (aus Holsboer 1989)

CRH-Konzentration in bestimmten limbischen Kerngebieten reduziert (z. B. im Locus coeruleus) und die Streßreaktion dadurch abgeschwächt. Die Frage, warum während der Panikattacken selbst jedoch keine exzessiven Hormonausschüttungen der HPA-Achse angetroffen werden, ist damit nicht geklärt; möglicherweise spielen andere Hormone, z. B. ANP, und spezifische Hemmechanismen eine Rolle.

Ein weiteres Beispiel, das Aufschlüsse zu neurochemischen Angstmechanismen geben kann, sind die Wirkungen von Benzodiazepinen und einigen verwandten Substanzen. Da die angstmindernde Wirkung der Benzodiazepine an spezielle Benzodiazepinrezeptoren des zentralen Nervensystems gebunden ist (und diese Rezeptoren eine Einheit mit den erregungshemmenden Gaba-gesteuerten Chlorid-Ionenkanälen bilden), kann angenommen werden, daß dieser Rezeptorkomplex bzw. die Verstärkung der Erregungshemmung durch Benzodiazepine unmittelbar mit Angstmechanismen zu tun hat. Diese Wirkmechanismen lassen sich ferner dadurch überprüfen, daß bei Benzodiazepinen auch sog. Antagonisten (der Wirkung entgegengesetzte Substanzen) und inverse Agonisten (hohe Rezeptorbindung mit gegenteiligem Effekt) verfügbar sind. Inverse Agonisten, wie z. B. Betacarbolin, binden mit gleich hoher Affinität wie die Benzodiazepine selbst am Benzodiazepin-Rezeptor, vermindern indessen die Gaba-Wirkung auf die neuronale Erregbarkeit und haben zuweilen eine gegenteilige, d. h. angstprovozierende Wirkung.

Die Benzodiazepin-Antagonisten, die ebenfalls am Benzodiazepin-Rezeptor binden, blockieren dagegen Agonisten und inverse Agonisten. Der Antagonist Flumazenil wirkt gleichfalls angstprovozierend, scheint aber – ähnlich wie andere anxiogene Substanzen (z. B. Koffein und Lactat) – bei Patienten mit Panikerkrankungen leichter als beim Gesunden, möglicherweise jedoch nur bei manchen Patienten, Angst auszulösen. Bei bestimmten Indikationen können diese Provokationsmethoden daher auch in der Diagnostik eingesetzt werden. Als mögliche Mechanismen für diese verstärkte Angstprovokation wird ein veränderter „Setpoint" des Benzodiazepin-Rezeptors in Richtung invers-agonistischer Wirkung bei den Patienten diskutiert. Als weitere Erklärung kann an eine vermehrte Produktion endogener anxiolytischer Liganden bei den Patienten gedacht werden.

Außer diesen beiden Beispielen werden zahlreiche andere neurochemische Ursachen diskutiert, von denen Noradrenalin- und Serotonin-Wirkungen deswegen erwähnt sein sollen, weil sie als wesentliche Mechanismen vieler angsthemmender Medikamente bekannt sind.

6. Bewußtseinsebenen von Angst

Jede Angst – sei sie angemessen oder krankhaft – wird von individuellen und gesellschaftlichen Vorstellungen mitbestimmt und ist eingebunden in geistige und „metaphysische" Horizonte. Denkmodelle, die auf apriorischen Annahmen beruhen und die den heutigen Kenntnisstand der Neurowissenschaften ausblenden, können dabei leicht zur Quelle für verhängnisvolle Ideologien oder Mißbrauch werden. Trotz der Fortschritte in Verständnis und Umgang mit Angst durch ein eher pragmatisches Vorgehen sind wir daher von einer integrativen Sicht der Angst – als einem der wesentlichsten psychischen Phänomene – noch weit entfernt, und alte und neue Voreingenommenheiten stehen dieser Integration im Wege.

Es ist eine der Denkwürdigkeiten der Geschichte, daß große Neuerungen nicht nur mit einem geistigen Aufbruch verbunden sind, sondern zumeist auch von starken Emotionen angetrieben werden. Die Angst, die das Gewohnte, Vertraute und Etablierte in Frage stellt und zugleich das Neue hervorbringt, ist damit auch ein schöpferisches Element. Noch denkwürdiger ist, daß sich diese Angst und Kreativität auch im Leben von Repräsentanten geschichtlicher Umbrüche nicht selten in dramatischen Erlebnissen kristallisieren, in denen die zuvor noch unbestimmten Gedanken und Strömungen mit emotionaler Gewalt aufbrechen und Gestalt annehmen. Angst ebenso wie ekstatische Freude bestimmen häufig solche Erlebnisse, die dem Betroffenen als überirdisch, mystisch erscheinen, die aber, aus einer neurobiologischen Sicht, ähnliche oder identische Erlebnisqualität wie Dreamy states, Review- und Panoramaphänomene aufweisen. Diese Erfahrung bestimmt dann nicht selten das ganze weitere Leben, Denken und Handeln des Betroffenen und ist oft von weitreichender Konsequenz für die Umgebung – auch wenn dieser geheime Antriebsmotor meist verborgen bleibt. Obwohl bei den Mitmenschen großes Interesse, ja Neugierde für solche Ereignisse besteht, erscheint es den meisten noch stark befremdlich oder sogar bedrohlich, solche außergewöhnlichen Erlebnisse als Ausdruck der – nicht weniger geheimnisvollen – Aktivität neuronaler Netzwerke zu akzeptieren.

Am 23. November 1654, gegen Mitternacht, erlebte Blaise Pascal einen Zustand großer Angst (Gott verleugnet zu haben) und intensiver Freude (Gott gefunden zu haben). Ekstatisches Erleben und prophetische Klarheit schienen in diesen Augenblicken zusammenzufließen. Pascal hat dieses Ereignis im *Memorial* festgehalten. Es wäre wohl über seinen Tod hinaus verborgen geblieben, wenn seine Aufzeichnungen nicht zufällig, eingenäht im Mantelsaum, entdeckt worden wären. Nach diesem Erleben wird Pascal keine sarkastischen und geschliffenen Briefe mehr gegen die Bürokraten des Glaubens richten, er wird der Welt keine geometrischen und mathematischen Lösungen und auch keine genialen Erfindungen (wie etwa die Rechenmaschine) mehr offerieren. Er wird seine restliche Lebenszeit dem Menschen, seiner Rätselhaftigkeit und seinen Ausflüchten vor einem zum Tod bestimmten Schicksal widmen. „Da die Menschen nicht Tod, Elend und Unwissenheit heilen können, sind sie, um sich glücklich zu halten, auf den Einfall gekommen, nicht daran zu denken" (*Pensées* 133/168). Mit den philosophischen Splittern der *Pensées*, die den Menschen in seiner Einsamkeit vor der neu entdeckten Unendlichkeit des Kosmos beschreiben, scheint er spätere psychodynamische und existenzphilosophische Denkweisen vorauszuahnen und vorwegzunehmen. Entsprechend den Kenntnissen seiner Zeit gründete seine „Daseinsangst" vor allem in den neu entdeckten physikalischen Gesetzmäßigkeiten (und nicht auf biologischen Wurzeln). „Bedenke ich die kurze Spanne meines Lebens, verschlungen von der Ewigkeit vorher und nachher, bedenke ich den winzigen Raum, den ich einnehme und den ich erfassen kann – ausgelöscht von der Unendlichkeit der Räume, von denen ich nichts weiß und die von mir nichts wissen – dann schaudere ich und staune, daß ich hier und nicht dort bin; es gibt keinen Grund, weswegen ich hier und nicht dort, jetzt und nicht dann bin. Wer hat mich hierher gestellt, wer mir diesen Ort und diese Stunde bestimmt" (*Pensées* 205). Im Erkennen und Durchdringen der Welt und des eigenen Bewußtseins gewinnt der Mensch seine Identität und seine Größe: „Durch den Raum erfaßt und verschlingt das Universum mich wie einen Punkt: durch das Denken erfasse ich es" (*Pensées* 113/348), und „Der Mensch ist nur ein Schilfrohr, das schwächste der Natur, aber er ist ein denkendes Schilfrohr. Auch wenn das Weltall ihn vernichtet, wäre der Mensch doch mehr als das, was ihn vernichtet, denn er weiß ja, daß er stirbt und welche Überlegenheit das Weltall ihm gegenüber hat. Das Weltall weiß nichts davon. Unsere ganze Würde besteht also im Denken. Daran müssen wir uns aufrichten und nicht an Raum und Zeit, die wir nicht ausfüllen können".

Wenn das *Memorial* die Wende im Leben Pascals bedeutete (auch wenn sie von manchen als kirchlicher Kniefall mißverstanden wird), dann bezeichnen die *Pensées* vielleicht die Wende von der „schönen" Wahrheit des Objekts hin zur eher „bitteren" Wahrheit des Subjekts, d. h. die Wende von der alten zur neueren Philosophie. Die Angst und die Freude des *Memorials* lassen sich dann auch als Beginn der intraspektiven Psychologie und als Aufbruch ins Zeitalter der Existenzphilosophie verstehen.

Wir wissen nicht, ob das *Memorial* zugleich den Beginn der Krankengeschichte des Patienten Blaise Pascal bezeichnet. Er litt von da an unter zunehmend heftigen Kopfschmerzen, blieb jedoch von der geistigen Klarheit und Kraft, um noch die *Pensées* zu verfassen, obschon er zu dem konzipierten Werk (der Apologie des Christentums) nicht mehr in der Lage war. Unerträgliche Kopfschmerzen kündigten ihm die Gewißheit des nahen Todes an, den er im Bewußtsein des *Memorials* annahm. Es gibt wenig Zweifel, daß Blaise Pascal an einem Schläfenlappentumor und an dessen charakteristischen Symptomen gelitten hat.

„Am 22. Dezember 1849 wurden wir auf den Semjonow'schen Platz gebracht", schreibt Fjodor M. Dostojewski in einem Brief an seinen Bruder Michail. „Dort wurde uns das Todesurteil verlesen. Man gab uns das Kreuz zum Kuß, über unseren Köpfen wurde das Schwert gebrochen und wir wurden mit weißen Hemden für das Begräbnis eingekleidet. Dann wurden drei von uns vor die Pfosten gestellt, wo die Exekution stattfinden sollte. Ich war der sechste in der Reihe. Wir wurden in Gruppen zu dreien aufgerufen. Ich war in der zweiten Gruppe und hatte noch eine Minute zu leben ... Ich hatte eben noch Zeit, Pleschetschew und Durow, die neben mir standen, zu umarmen und von ihnen Abschied zu nehmen ..." Als die inszenierte Hinrichtung bis zu diesem Punkt gelangt war, wurde den Verurteilten die Begnadigung durch den Zaren mitgeteilt. Die folgenden vier Jahre verbrachte Dostojewski als politischer Häftling zwischen Kriminellen und Mördern im Lager Kaluga bei Omsk mit einer etwa fünf Kilogramm schweren Eisenkette an den Füßen. Weitere vier Jahre war er Soldat an der mongolischen Grenze. Nach diesen Erlebnissen, die wir heute zweifelsohne als die exzessiven Belastungen einer posttraumatischen Streßkrankheit einordnen würden, konnte Dostojewski nicht länger an eine „natürliche Güte und Vernunft des Menschen" glauben. In seinen Werken wird sich eine zunehmende, extreme Polarisierung seines Lebens- und Weltbildes abzeichnen. In den Grenzzuständen der menschlichen Psyche wird Dostojewski den Schlüssel zum Wesen des Menschen suchen, die menschliche Seele in der Spannung zwischen Verbrechen und Heiligkeit ergründen.

Auf eine andere Antinomie, die sich schon in der frühen Erzählung Dostojewskis *Der Doppelgänger* angekündigt hatte, hat Freud hingewiesen, nämlich seine Auseinandersetzung mit dem Vater, einem gewalttätigen Trinker, der auf seinem Landgut die Leibeigenen so brutal mißhandelt hatte, daß er von diesen schließlich auf ebenso bestialische Weise erschlagen wurde. Freud wertete die Schuld- und Rachegefühle gegen den Vater als eine der Ursachen für Dostojewskis spätere Leidensmystik, und – gleichviel, ob man Freud darin folgen mag oder nicht – auch diese Erfahrungen scheinen in beklemmender Weise die spätere Zerrissenheit in Leben und Werk Dostojewskis vorwegzunehmen.

Nach dem Übermaß an Schrecken und Leiden, die Dostojewskis frühe Biographie kennzeichnen, erwartete er sich Hoffnung und Heil des Menschen von einer überirdischen, mystischen Welt. Es ist wiederum eine der Denkwürdigkeiten, daß sich auch die Religiosität Dostojewskis ganz wesentlich auf das transzendente Erleben in seinen epileptischen Anfällen stützte, die wir medizinhistorisch ebenfalls als Schläfenlappenanfälle diagnostizieren können. Dostojewski hat die Schilderung der eigenen Anfälle dem Fürsten Myschkin, dem Idiot, in den Mund gelegt – ein Heiliger, ein Christussymbol, zugleich aber Anfallspatient und psychiatrisch Kranker, denn wie anders als in der Zerbrechlichkeit des Menschen könnte das Heil bei Dostojewski sichtbar werden.

„Er erinnerte, daß es unmittelbar vor dem Anfall einen Zustand gab, wo plötzlich, aus allem Kummer, seelischer Finsternis und Niedergeschlagenheit heraus, sein Gehirn für Augenblicke aufflammte und sich alle Lebenskräfte mit ungestümem Drang anspannten. Lebensgefühl, Selbstbewußtsein waren in diesen blitzartigen Momenten beinahe verzehnfacht. Geist und Herz wurden von einem ungewöhnlichen Licht erhellt, alle Erregung, Zweifel, Unruhe war mit einem Mal besänftigt, lösten sich in heitere, von klarer harmonischer Freude und Hoffnung erfüllte Ruhe auf. Aber diese Momente, dieses Aufblitzen waren nur eine Vorahnung jener endgültigen Sekunde, mit der der eigentliche Anfall begann. Diese Sekunde allerdings war unerträglich."

Die Bedeutung der Anfälle für sein eigenes Leben, sein Denken und schriftstellerisches Werk hat Dostojewski ebenso realistisch wie entschieden interpretiert: „Diese Augenblicke, so kurz sie sind, in denen ich ein so extremes Bewußtsein meiner

selbst und damit mehr Leben als zu allen anderen Zeiten emp-
finde, verdanke ich einzig der Krankheit – dem plötzlichen
Zerbrechen der normalen Bedingungen ... Was macht es da
aus, ob es nur Krankheit, eine unnormale Anspannung des Gehirns ist, wenn doch – sobald ich mir diesen Augenblick ins Gedächtnis rufe und ihn analysiere – er mir als ein Moment von
höchster Harmonie und Schönheit erscheint – ein Augenblick
tiefsten Fühlens, überströmend von unbändiger Freude und
Hingerissenheit, ekstatischer Demut und vollstem Leben."
Dostojewski erschienen diese Erlebnisse so lebensbestimmend,
daß er sie für geradezu unverzichtbar hielt. „Ja, für diesen Augenblick kann man sein ganzes Leben hingeben – so gewiß war
dieser Moment für sich ein ganzes Leben wert." Und, gewissermaßen als Erläuterung, fügt er im *Idiot* hinzu: „In diesem Moment kann ich das ungewöhnliche Wort, es werde keine Zeit
mehr geben, vollkommen verstehen. Wahrscheinlich ... ist es
diese Sekunde, in der der umgestürzte Wasserkrug des Epilepti-
kers Mohammed nicht auslief, während er doch in der gleichen
Sekunde alle Wohnungen Allahs betrachten konnte."

Obschon die Anfälle Dostojewskis vermutlich bis in die
Kindheit zurückreichen, scheint sich das Anfallsleiden besonders in der Lagerzeit dramatisch verschlimmert zu haben. Wir
wissen nicht, ob und in welcher Weise die außergewöhnlichen
Bedrohungs- und Angstbedingungen auf sein Anfallsleiden Einfluß genommen haben, vielleicht sogar die Ursache der geschil-
derten Anfälle sind. Aber wir können bei Dostojewski unschwer erkennen, daß sein Empfinden und Denken, das von
den „tiefsten Erniedrigungen" bis zu „ekstatischer Freude"
reicht, nicht nur in einer oberflächlichen Weise seine außerge-
wöhnliche Biographie widerspiegelt, sondern daß sich die wesentlichsten Impulse seines Lebens und Werkes auch unmittelbar in die neuronalen Strukturen hinein verfolgen lassen – sei
es als das Schreckensgedächtnis des Erlebten oder sei es als die
das ganze Leben bestimmenden ekstatischen Anfallserlebnisse.

Kierkegaard, der „Philosoph der Angst", wurzelt zwar noch
im Sünden- und Schuldverständnis der christlichen Tradition,
aber bei ihm zeichnet sich schon das Lebensgefühl der Neuzeit

ab, das die Angst als existentielle Bedingung, als Prämisse des menschlichen Daseins versteht.

Auch Kierkegaard war ein vom Vater geprägter (und lebenslang finanzierter) Mann. „Als Kind wurde ich streng und ernst im Christentum erzogen, menschlich gesagt: unsinnig erzogen; schon in frühester Kindheit hatte ich mich an Eindrücken überhoben, unter denen der schwermütige Greis, der sie mir auferlegt hatte, selbst zu Boden sank; ein Kind, wahnsinnig kostümiert, um ein schwermütiger Greis zu sein." Kierkegaards Biograph Brandes bemerkt: „Es läßt sich kaum leugnen: ein Hauch der stickigen Luft des Wollwarenladens weht uns aus Kierkegaards Schriften an, die bei all ihrer Tiefe, Scharfsinnigkeit und Wärme einen so engen geistigen Horizont haben." Die Mutter erwähnt Kierkegaard niemals. Aber es scheint noch eine andere schwere Last der Generationen auf ihm zu liegen, etwas Rätselhaftes, Furchtbares, „ein Fluch", wie Kierkegaard glaubt, „ein Verhältnis zwischen Vater und Sohn, wo der Sohn insgeheim alles entdeckt und es doch nicht zu wissen wagt. Der Vater, ein angesehener Mann, gottesfürchtig und streng, nur ein einziges Mal, im berauschten Zustand, läßt er Worte fallen, die das Entsetzlichste ahnen lassen." Auch Brandes wird sich nicht schlüssig, worum es sich tatsächlich gehandelt haben mag, jedoch scheint das Ereignis beim Vater lebenslange Schuld und Reue hervorgerufen und dem Sohn den Zugang zur Mutter versperrt zu haben.

Theodor Haecker hat in seinem Traktat *Der Buckel Kierkegaards* der seelischen Beklommenheit noch eine körperliche hinzugefügt, eine Natur, die Kierkegaard selbst als „zart, schmächtig und schwach …, auf vielfache Weise tief und absolut mißraten, mit einem Pfahl im Fleisch, mit an Wahnsinn grenzenden Leiden" beschreibt. Kurz vor seinem Tod, im 42. Lebensjahr, hatte er einem Medizinstudenten anvertraut, daß ihn eine unüberwindbare Scheuheit zum Sonderling gemacht habe. Die bekannt-berüchtigte „Verlobungsauflösung", die Kierkegaard auch im modernen Sinne zur „Single-Existenz" machte, scheint eher dadurch erwähnenswert, daß ihre verquere Logik auch in einigen philosophischen Traktaten wiederkehrt (z. B. der theologischen Begründung der Mordabsichten Abrahams gegen den Sohn Isaak). Die intellektuelle Abwehr gegen die innere Zerrissenheit, gegen die Angst der unentscheidbaren Entscheidung, scheint sich hier unmittelbar in der Angst des philosophischen Werkes widerzuspiegeln, in der auch Kierkegaard die Widersprüche und Grenzen des Daseins umreißt.

Bei Kierkegaard ist es nicht das ekstatische Erleben, mit dem der Geist die Grenzen der Alltäglichkeit überschreitet, vielmehr macht die Angst das geistige Wesen des Menschen selbst aus. (Überliefert ist allerdings auch bei ihm ein paulinisches Gewißheitserleben, und zwar am 19. 5. 1838 um 10.30 Uhr.) Nicht die konkreten Bedrohungen, die allenfalls Furcht auslösen, rufen die Angst hervor, sondern das Unentschiedene, Unbestimmte, noch Mögliche, Offene und Leere. Die Angst ist der Preis der Freiheit und das Zeugnis des geistigen Wesens des Menschen. Auch Kierkegaard greift für die Erklärung von Angst zu einem körperlichen Grenzzustand, nämlich dem Schwindel: „Der, dessen Auge es widerfährt, in eine gähnende Tiefe hinunterzuschauen, wird schwindelig, aber was ist der Grund? Es ist ebenso sehr sein Auge wie der Abgrund ... Solchermaßen ist die Angst der Schwindel der Freiheit, der aufsteigt, wenn der Geist die Synthesis setzen will und die Freiheit niederschaut auf ihre eigene Möglichkeit und die Endlichkeit sucht, sich daran zu halten. In diesem Schwindel sinkt die Freiheit zusammen" *(Der Begriff Angst)*.

In dem geheimnisvollen Netzwerk (von vielleicht 20 Milliarden Neuronen und einem Vielfachen an synaptischen Kommunikationen), in dem aktuelle und biographische Ereignisse und die Welt der sinnlichen und geistigen Erfahrung (samt ihrer molekularen und kosmischen Dimensionen) zu einem einmaligen Abbild der Welt als Ganzem führen und aus dem sich Individualität, Identität und Bewußtsein entfalten, scheinen die „Angststrukturen" wiederum eine herausgehobene Schnittstelle zu bilden. In bestimmten Schläfenlappenregionen (mediobasaler Schläfenlappen) laufen alle nur erdenklichen Informationen der Gegenwart, der Vergangenheit, der realen, erinnerten und geträumten Bilder zusammen und scheinen hier ihre subjektive Bedeutung und emotionale Farbe zu gewinnen. Eine Störung dieser Hirnstrukturen wird daher zwangsläufig auch die adäquate Einordnung aktueller und gespeicherter Informationen behindern, was z. B. bedeuten kann, daß auch neutrale Ereignisse fälschlich als bedrohliche bewertet werden und somit die Welt als Ganzes bedrohlich oder vertrauenslos erscheinen lassen. So betrachtet, müßte man eher von Vertrauens- als von Angststrukturen sprechen, mit denen wir die Ereignisse der Umwelt fortlaufend einordnen. Es erscheint daher nicht überraschend, daß der Verlust der angemessenen Realitätseinschätzung – wie er auch in epileptischen Anfällen auftreten kann – nicht selten mit einem veränderten Realitätsbewußtsein einhergeht, in dem sich die neuronalen Netzwerke gewissermaßen aus dem Fundus ihrer unerschöpflichen Eindrücke eine eigene, neue, „transzendente" Welt erschaffen.

Wir wissen heute, daß alle psychischen Prozesse mit ununterbrochenen Aktivitätsmustern des Gehirns einhergehen und daß entsprechend auch eine normale oder pathologische Aktivität im mediobasalen Schläfenlappen zu den für diese Region charakteristischen psychischen Phänomenen führt. Bei einer abnormen Aktivität des mediobasalen Schläfenlappens steht mit Abstand Angst im Vordergrund, gefolgt von komplexen Wahrnehmungsmustern (z. B. bildhaft-traumartigen Erlebnissen), stereotypisierten Verhaltensweisen (z. B. mimische und gestische Bewegungen), vegetativen Mißempfindungen (z. B. Herzklopfen und Schwitzen), Änderungen des Bewußtseins (z. B. Fremdheits- und Vertrautheitsgefühl, Dämmerzustände) und anderen außergewöhnlichen Emotionen (z. B. exzessive Angst, ekstatische Freude, apriorische Gewißheit). Alle diese Phänomene können im Rahmen epileptischer Anfälle (sog. komplexer Partialanfälle) auftreten und durch direkte Stimulation dieser Hirnstrukturen hervorgerufen werden. Nahezu alle diese Symptome werden aber auch bei primären Angstkrankheiten angetroffen.

Eine enge Beziehung besteht schließlich zwischen Angst und Gedächtnis, wie sich besonders bei der posttraumatischen

Streßerkrankung an dem charakteristischen „traumatischen Wiedererinnern" (Wiedererleben der exzessiven Bedrohungssituation) erkennen läßt. Angst scheint – ähnlich wie andere Emotionen – häufig mit bildhaften Erinnerungen verknüpft zu sein, wodurch zugleich die Unmittelbarkeit emotionaler Reaktionen gewährleistet ist. Möglicherweise tendieren ängstliche Personen und Angstpatienten dazu, auch kritische Situationen vorwiegend mit negativen Erfahrungen zu verknüpfen, so daß vielleicht der Zugang zu bedrohlichen Gedächtnisinhalten weniger geschützt ist. Auch für diese Funktion, nämlich das „Abtasten" der Gedächtnisspeicher zur Bewertung aktueller Informationen, dürfte dem mediobasalen Schläfenlappen besondere Bedeutung zukommen.

Eine Brücke zwischen diesen neurophysiologischen Erkenntnissen und den erwähnten biographischen Beispielen können möglicherweise jüngste Beobachtungen herstellen, die zwischen Anfallsgeschehen (Anfallsangst) und der Psychopathologie des Alltags (erhöhte Ängstlichkeit) keine polaren Gegensätze finden. Die Anfälle bei Anfallspatienten bezeichnen danach lediglich das Extrem einer abnormen neuronalen Erregung. Eine leicht pathologische oder „unterschwellige" Aktivität kann häufig auch im anfallsfreien Intervall angetroffen werden. Jüngste Untersuchungen glauben nachgewiesen zu haben, daß die für Schläfenlappenanfälle charakteristischen Anfallssymptome in modifizierter oder „unterschwelliger" Form auch bei Patienten ohne Anfallsleiden (z. B. Angststörungen) und zudem bei manchen Gesunden (Fähigkeit zu besonderer bildhafter Vorstellungskraft, wie z. B. bei Schauspielern) vorkommen. Der Ausprägung und zeitlichen Dynamik der erhöhten Aktivität im mediobasalen Schläfenlappen entspräche damit auch ein Kontinuum der zugeordneten Erlebens- und Verhaltensweisen.

Gesichert ist, daß die Art der körperlichen Begleitsymptome bei Anfallsangst vom topographischen Muster der zugrundeliegenden Anfallsaktivität abhängt. Vegetative Symptome werden besonders bei abnormer Aktivität in der Mandelkernregion, Bewußtseinsänderungen, Derealisations- und Depersonalisations-Phänomene besonders bei Ausbreitung der abnormen Erregung auf die gegenseitige Hirnhälfte beobachtet. Dabei ist denkbar, daß eine Asymmetrie in der interhemisphärischen Informationsverarbeitung zu Beeinträchtigungen gerade der höchsten psychischen Funktionen, wie Bewußtheit, Selbstidentität und Realitätsempfinden, führt. Mit dieser Asymmetrie würde gewissermaßen die Grundprämisse der zerebralen Informationsverarbeitung („two brains, one mind") in Frage gestellt – was sich wiederum unschwer als ein Sinnbild der „Angst vor sich selbst" und der „Daseinsangst" der Existenzphilosophie verstehen ließe.

Angst als ein elementarer Ausschnitt der Welt um uns, widergespiegelt in den neuronalen Netzwerken des Gehirns und damit in unserer eigenen Identität, kann somit nach zwei Richtungen hin „entgleisen" und zu einer für sich bedrohlichen Krankheit werden, nämlich einerseits, wenn Störungen in den Anpassungsmechanismen („Angst- oder Vertrauensstrukturen") auftreten und andererseits, wenn die äußeren und inneren Bedrohungen die Grenzen der Anpassungsfähigkeit überschreiten. Diese Grundformen der eskalierten, krankhaften Angst werden durch die beiden Pole einerseits der Anfallsangst und andererseits der posttraumatischen Belastungskrankheit umrissen. Im ersten Fall ändern Strukturen Wahrnehmungen und Kognitionen, im zweiten Fall die Wahrnehmungen und Kognitionen die zerebralen Strukturen. Gleichviel aber, ob die Bedrohungen von „außen" oder „innen" stammen, es ist stets die untrennbare psychobiologische Identität des Menschen, an die Vertrauen oder Vertrauensverlust und Angst gebunden sind. Manche dieser Ängste sind in der Natur und im Schicksal des Menschen begründet, die wir nicht verhindern und oft kaum lindern können. Ein Großteil der Ängste aber ist durch bewußte oder unbewußte Verletzungen und Demütigungen verursacht – sei es in der früheren oder späteren Biographie des Menschen. Das bessere Verstehen von Angst in ihren neurobiologischen und psychodynamischen Ursachen läßt hier hoffen, daß solche Ängste auch immer mehr verhindert werden können.

II. Angstkrankheiten und behindernde Ängste (Primärängste)

1. Spontane Angst: Panikattacke, Panikstörung, generalisiertes Angstsyndrom („Die Angstneurose")

Panikattacke ist die plötzlich einsetzende, anfallsförmige Angst, *Panikstörung* die mit wiederkehrenden Angstanfällen verbundene Angstkrankheit, die zumeist auch durch Erwartungsängste und andere psychische Beeinträchtigungen (wie Agoraphobie und Depression) gekennzeichnet ist. Der Panik- oder Angstanfall ist gewissermaßen der Prototyp der Angst, die „Angst an sich", die extreme Angstintensivierung und Angsteskalation, eine Angst, die losgelöst ist von ihren realen, aktuellen und biographischen Bedingungen. Es ist die verselbständigte Angst, der der Patient hilflos ausgeliefert ist, die für ihn ohne Zugang und Kontrollmöglichkeit ist. Da der Gesunde Angst normalerweise weder in dieser Intensität noch ohne Beziehung zu konkreten Gefahren kennt, bleibt die Angst dieser Patienten für die meisten Menschen rätselhaft und befremdlich. Das Verständnis der Krankheit wird dadurch für die Umgebung, wie für den Patienten selbst, erschwert. Bei der *generalisierten Angststörung* sind die Patienten durch beständige, überwertige Besorgtheit, Angst und körperliche Anspannung beeinträchtigt, Panikattacken fehlen zumeist.

Die *Panikattacken* stellen oft die Wellengipfel in einem „Meer an Angst" dar. Die Gesamtheit dieser Angstform wird heute mit dem Begriff der *Panikstörung* gekennzeichnet, der als weniger präjudizierend gedacht ist als der frühere Begriff der Angstneurose, den Freud vor rund 100 Jahren in der Arbeit *Über die Berechtigung, von der Neurasthenie einen bestimmten Symptomenkomplex als Angstneurose abzutrennen* geprägt hat. Die damals von Freud aufgeführten Leitsymptome der Angstneurose sind auch in der Definition der Panikstörung (nach dem psychiatrischen Diagnosemanual DSM-III-R) enthalten. Viele Psychotherapeuten und Psychiater sehen daher in dem neuen Namen gegenüber dem traditionellen Begriff der Angstneurose keinen inhaltlichen Fortschritt. Umgekehrt ist es aber legitim und auch sonst in der Medizin üblich, Krankheitsbilder immer mehr nach ihren Ursachen und Erscheinungsbildern zu differenzieren. Die Ausgrenzung von Panikattacken ermöglicht dabei den für die neuropsychologische und neuropharmakologische Forschung wichtigen direkten Vergleich zwischen unterschiedlichen Entstehungsbedingungen, z. B. zwischen psychiatrischen und neurologischen Angstanfällen (vgl. Epileptische Angstanfälle, Abschnitt III.4).

Angstneurotische Erkrankungen – d. h. nach jetziger Nomenklatur Panikanfälle und Panikstörung – gehören zu den häufigen Krankheitsbildern (Tab. 1, vgl. Abschnitt I/2). Die Erkrankung tritt meist in Wochen bis Monate dauernden Episoden mit einer nicht geringen Wiederholungs- und Chronifizierungstendenz auf. Im Langzeitverlauf kommen oft depressive und phobische, vor allem agoraphobe Symptome hinzu. Die Erkrankung beginnt meist im jüngeren Erwachsenenalter. Vorwiegend Frauen sind betroffen.

Die Panikattacke ist eine plötzliche, für den Patienten ohne erkennbaren Grund, gewissermaßen aus heiterem Himmel hereinbrechende, exzessive Angst, die für ihn den Charakter einer existentiellen, tödlichen Bedrohung hat und der er hilflos, unkontrollierbar ausgesetzt ist. Obwohl die Angst unvermittelt einsetzt, beginnt sie nicht so abrupt wie bei epileptischen Angstanfällen, jedoch wird der Angstgipfel schon nach kurzer Zeit erreicht (1–3 Minuten), um dann meist allmählich, über 10–20 Minuten hinweg, abzuklingen. Viele Patienten erleben die Hilflosigkeit im Angstanfall auch als eine Angst vor Kontrollverlust oder als Befürchtung, „verrückt zu werden", „durchzudrehen". Auch das Bewußtsein ist verändert, so daß die Patienten sich selbst und die Umwelt unwirklich, verfremdet erleben (Depersonalisation, Derealisation). Die Patienten fürchten, im Anfall zu sterben. Obligat sind heftige körperliche Beschwerden, die wahrscheinlich die subjektiven Angstsymptome in einem Circulus vitiosus noch verstärken und auf-rechterhalten. Es sind körperliche Mißempfindungen, die sich auf mehr oder weniger alle vegetativ und hormonell gesteuerten Organsysteme beziehen. Die wichtigsten Beschwerden sind beschleunigter Herzschlag und Herzpochen (Palpitationen), Atemnot, Beklemmungs- und Erstickungsgefühle, Brustschmerzen, Schwitzen, Hitze- und Kältegefühl, Mißempfindungen der Extremitäten, Muskelzittern und Schwäche, Übelkeit und Bauchbeschwerden. Die psychiatrische Klassifikation verlangt zur Diagnose einer Panikattacke, daß mindestens vier (oder mehr) dieser psychophysischen Symptome auftreten und diese sich zudem rasch (innerhalb von 10 Minuten) entwickeln.

Die oft dramatischen körperlichen Angstsymptome sind von großer diagnostischer Bedeutung, da sie die zugrundeliegende Angststörung verdecken können und die Patienten dann nicht selten mit eingreifenden diagnostischen Maßnahmen auf entsprechende Organerkrankungen untersucht werden. Die Patienten gelangen oft erst nach vielen anderen medizinischen Instanzen in psychiatrische und psychotherapeutische Behandlung. Angststörungen veranlassen deswegen zu den überhaupt häufigsten Differentialdiagnosen in der Medizin. Es erfordert große ärztliche Erfahrung, hier notwendige Untersuchungen zu veranlassen, überflüssige aber zu vermeiden.

Im Krankheitsverlauf entwickelt ein Großteil der Patienten weitere psychische Beeinträchtigungen, die sich teilweise als unangemessenes Vermeidungsverhalten verstehen lassen. Die häufigste und schwerwiegendste Behinderung ist das Hinzutreten einer Agoraphobie (vgl. Agoraphobie, Abschnitt II.3). Die psychiatrische Klassifikation DSM-III-R unterscheidet daher zwischen Panikstörung mit und ohne Agoraphobie. Obwohl die Panikattacken im Gegensatz zu Phobien nicht durch die Meidung bestimmter Objekte und Situationen verhindert werden können, ist es naheliegend, daß die Patienten aus Angst vor neuerlichen Attacken die Orte und Umstände früherer Panikanfälle meiden. Auf diese Weise bleiben die Patienten jeder Form von Öffentlichkeit fern und ziehen sich in den häuslichen Bereich zurück. Bei einigen Patienten tritt die Agoraphobie allerdings schon vor den Panikattacken auf. Mit der Dauer der Erkrankung können andere Phobien, Depressionen und Zwangssymptome auftreten. Eine unbehandelte Angststörung tendiert zur Chronifizierung, erstreckt sich über das ganze mittlere Lebensalter und erfährt erst im höheren Alter eine gewisse Milderung.

Die bei der Panikstörung oft zunehmende Erwartungsangst, also die ausufernde Angst vor erneuter Panikattacke, die „Angst vor der Angst", darf nicht verwechselt werden mit der *generalisierten Angststörung*. Diese ist durch eine ständige ängstliche Anspannung und vielfältige körperliche Angstsymptome sowie eine unangemessene, übertriebene Besorgtheit und Ängstlichkeit charakterisiert. Panikanfälle sind dabei die Ausnahme.

Im Beginn der Erklärungsmodelle der Angstneurose stehen das vielbändige Werk Freuds und die Bibliotheken seiner Nachfolgeschulen. Aber auch die neueren, fast ausschließlich psychologischen Arbeiten zur Angst sind kaum noch überschaubar. In den letzten 20 Jahren sind mehrere tausend Arbeiten zu den verschiedensten Angstaspekten erschienen. Bemerkenswerterweise hat Freud selbst von der schon zitierten Basisarbeit *Über die Berechtigung, von der Neurasthenie einen bestimmten Symptomenkomplex als Angstneurose abzutrennen* (1895) bis zu der späteren Arbeit *Hemmung, Symptom und Angst* (1925/26) eine fast diametrale Änderung seiner Auffassungen zur Angstentstehung vollzogen. Während er anfänglich einen „Stau libidinöser Energie", vor allem bei sexueller Versagung, als eigentliche Angstquelle, und Angst damit gewissermaßen als Reaktionsstereotyp betrachtete, stellte er später das Ich als den Ort der Angstwahrnehmung und der Angstabwehr in den Vordergrund. Angstquelle waren danach vor allem Trennungsängste. Nach neueren Vorstellungen wird die Bedeutung von Entwicklungsstörungen in bestimmten Prägephasen – bei Angst der ödipalen Phase – dahingehend korrigiert, daß Störungen der kommunikativen und psychosozialen Kompetenz in allen Entwicklungsabschnitten eine Rolle spielen. Die Entfaltung des Ich erfolgt im Spannungsfeld zwischen Nähe und Distanz, Zuwendung und Zurückweisung, Vertrauen und Bedrohung zu den Bezugspersonen. Zu geringe Förderung und zu starke Beschränkung engen daher den Erlebnisraum eines Menschen ein, so daß Ereignisse außerhalb dieses Erfahrungsbereiches als angstbesetzt erlebt und aus dem Bewußtsein ferngehalten werden. Bei einem schwach entwickelten Ich bestimmen daher Angst und Abwehrmechanismen auch die späteren zwischenmenschlichen Beziehungen. Angstanfälle wurden entsprechend als Ausdruck der Unvereinbarkeit zwischen äußeren und inneren Anforderungen und der Diskrepanz zwischen Situationsdynamik und starren Entscheidungsstrukturen interpretiert.

Die moderne Psychologie hat ein ganzes Bündel an kognitiven und lerntheoretischen Bedingungsfaktoren zum Verständnis der Entwicklung von Angst- und Panikstörung beigetragen. Das nach der Lerntheorie durch direkte Reiz-Reaktions-Kopplung bedingte Verhalten entsteht nach der kognitiven Psychologie nicht durch einfache reflektorische Verknüpfungen, sondern durch kognitive Prozesse, die das individuelle Verhalten mit der Umgebung abstimmen. Lernen besteht danach vor allem darin, Konzepte über das eigene Verhalten aufgrund seiner Wechselwirkung mit der Umgebung zu entwickeln. Aus dieser Perspektive ist Angst vor allem durch die Wahrnehmung oder Überzeugung, eine Situation nicht bewältigen zu können, verursacht. Angst ist eine „erlernte Hilflosigkeit". Entsprechend wirkt bereits die vermeintliche Kontrolle einer Bedrohungssituation angstmindernd. Ängstliche Patienten scheinen außerdem zur „Katastrophisierung" von Situationen zu tendieren („self-fulfilling prophecy") und blockieren in Konflikten angemessene Verhaltensreaktionen durch eine ambivalente Situationseinschätzung. Verschiedentlich wurde auch berichtet, daß den Panikattacken kurze Bedrohungsvorstellungen vorausgingen – die Angst also einen internen, „gedanklichen" Auslöser hätte –, was aber sicherlich nur bei einem Teil der Patienten zutrifft.

Aus neuropsychologischer Sicht schließlich stellt sich die Anfallsangst nicht anders dar als sonstige aus dem Situationskontext herausgerissene Verhaltensstereotypien. Solche komplexen Erlebens- und Verhaltensbruchstücke treten bei abnormen Erregungen in bestimmten Hirnstrukturen (vor allem des mediobasalen Schläfenlappens) auf, können aber auch provoziert werden durch direkte Reizung dieser Hirnregionen. Die auf diese Weise entstandene Angst hat gleichzeitig alle Merkmale der Panikanfälle samt der psychophysischen Symptome wie Realitätsverfremdung, Herzschlagbeschleunigung, Schwitzen usw. (Abb. 6). Es besteht daher wenig Zweifel, daß auch die Panikanfälle mit Funktionsänderungen dieser Hirnstrukturen verbunden sind, obschon deren Mechanismen noch im dunklen liegen und sicherlich andere Vorgänge als bei epileptischen Angstanfällen ausschlaggebend sind.

Ein wichtiger Ansatz, diese Mechanismen bei den Panikanfällen zu klären, ist die Möglichkeit der experimentellen Panikprovokation mit pharmakologischen Substanzen, bei denen es sich teils um Genußmittel des Alltags handelt (z.B. Coffein), teils um Substanzen, die in angstauslösende Mechanismen eingreifen (z.B. Lactatinfusion, Kohlendioxyd-Beatmung, Cholecystokinin, Benzodiazepin-Antagonisten und sog. Invers-Agonisten). Mit diesen Substanzen bzw. Medikamenten kann bei Patienten mit Panikstörung leichter als bei Gesunden Angst provoziert werden, und psychische und körperliche Angstkomponenten (einschließlich bestimmter Gehirnfunktionen) lassen sich dann unmittelbar untersuchen. Die durchaus naheliegenden Vorbehalte gegen solche Provokationsmethoden (die andererseits etwa bei der Herz-Kreislauf-Diagnostik von niemandem in Frage gestellt werden) beruhen wohl hauptsächlich auf der Fehleinschätzung von Angstkrankheiten als rein psychologische Phänomene. Umgekehrt ist ebensowichtig, daß trotz des somatischen Untersuchungsansatzes die Gesamtheit des psychophysischen Erlebens berücksichtigt wird. Die Forschungen in dieser Richtung haben auch zu wirksamen angsthemmenden Medikamenten und zu einem besseren Verständnis der Neurobiologie von Angstkrankheiten geführt – obschon noch keineswegs von spezifischen Wirkungen gesprochen werden kann. Nach heutigem Kenntnisstand entstehen Angststörungen somit

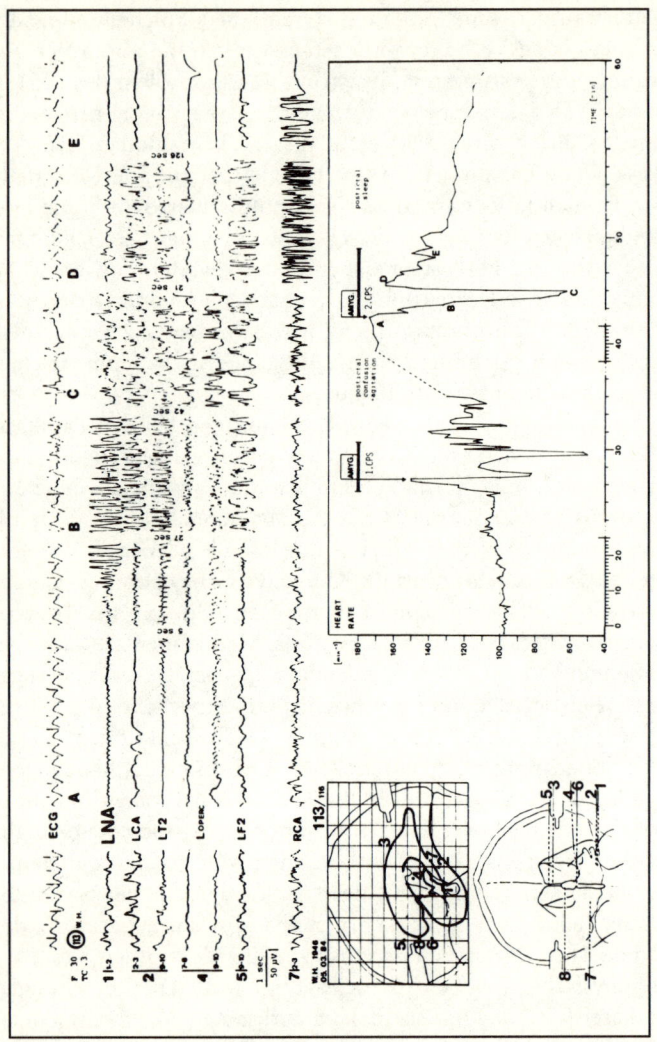

Abb. 6: Änderung des Herzschlags auf die annähernd dreifache Herzfrequenz (Fenster rechts unten) während komplexer Partialanfälle bei Tiefenelektrodenableitung (aus Stodieck u. Wieser 1986)

durch ein ganzes Faktorenbündel, wobei einzelne Ursachen für bestimmte Angstformen von besonderer Bedeutung sind. Die mehrfaktorielle Entstehung der Panikstörung (bzw. der klassischen „Angstneurose") erfordert zwangsläufig auch eine individuelle Auswahl unter den heute verfügbaren Behandlungsmethoden. In akuten Erkrankungsabschnitten sind dabei angsthemmende Psychopharmaka gerechtfertigt oder notwendig. Bei Benzodiazepinen muß die strenge zeitliche Begrenzung beachtet werden. Unter den antidepressiven Medikamenten werden paradoxerweise häufig solche mit antriebssteigernder Komponente (z. B. Imipramin, MAO-Hemmer) denen mit beruhigender Komponente (z. B. Amitriptylin) vorgezogen. Beta-Rezeptorenblocker können die unangenehmen körperlichen Begleitsymptome der Angst mindern, beeinflussen das subjektive Angsterleben aber kaum.

Unter den psychologischen Behandlungsstrategien wird wegen der fehlenden Auslöser von Panikattacken die Desensitivierung negativ beurteilt, und es werden praktisch nur modifizierte Reizüberflutungsverfahren eingesetzt. Psychodynamisch orientierte Therapieverfahren haben in erster Linie eine langfristige Umstrukturierung der Persönlichkeit und weniger die unmittelbare Symptombesserung zum Ziel.

2. Phobische Angst: Objekt- und Situationsphobien

Objekt- und Situationsphobien sind der Gegenpol zur „frei flottierenden", spontan auftretenden Angst. Der wesentlichste Unterschied zwischen Phobie und Spontanangst besteht aber weniger im Angsterleben selbst – das in beiden Fällen einer „Panikangst" entsprechen kann –, sondern in der *Auslösung* der phobischen Angst durch ganz bestimmte *äußere* Bedingungen (Objekt- und Situationsangst) gegenüber der des Panikanfalls durch innere Bedingungen.

Zu phobischen Objekten und Situationen können mehr oder weniger alle Gegenstände, Lebewesen und Ereignisse werden, so daß Klassifikationsversuche der phobischen Auslöser wenig sinnvoll sind. Bekanntlich konzentrieren sich aber schon die Befürchtungen von Kindern auf bestimmte Naturobjekte (wie Spinnen, Schlangen, große Höhen, Dunkelheit), so daß phylogenetische Reminiszenzen eine Rolle zu spielen scheinen (und Kinder die weit bedrohlicheren technischen Gefahren, wie den Autoverkehr, leider nur wenig fürchten). Phobische Befürchtungen sind weit verbreitet. Krankhafte, behindernde Phobien sind dagegen relativ selten. Krankheitsbedeutung scheinen vor allem solche Phobien zu gewinnen, die sich auf die mitmenschliche Kommunikation oder auf die psychophysische Integrität beziehen (z. B. Agoraphobie und Herzphobie). Krankhafte Phobien treten häufig nicht als isoliertes Symptom, sondern zusammen mit anderen Angstformen, Phobien und psychiatrischen Störungen auf. Sie können dann eine durchaus schwere Behinderung darstellen.

Der Beeinträchtigungsgrad einer Phobie resultiert vor allem aus der Diskrepanz der Angstintensität zur vermeintlichen Bedrohung. Obschon manche phobischen Objekte oder Situationen eine gewisse Gefährdung beinhalten (z. B. Tier-, Gewitter-, Höhen- und Dunkelphobien), steht die Angst in keiner vernünftigen Relation zur tatsächlichen Bedrohlichkeit. Die Patienten sind sich dieser Diskrepanz durchaus bewußt, ohne allerdings den unangemessenen Angstaffekt kontrollieren zu können. Eine mögliche Verhaltensstrategie bei Phobien ist die Meidung der gefürchteten Objekte und Situationen, wie etwa bei Klaustrophobie auf das Fahren mit der U-Bahn zu verzichten. Auf diese Weise kann der Patient ein vordergründiges Arrangement mit seinem Krankheitssymptom finden, das aber leicht zusammenbrechen kann (z. B. bei einem Arbeitsplatz, der nur mit der U-Bahn zu erreichen ist). Obwohl prinzipiell alle Objekte und Situationen der unbelebten und belebten Natur, der technischen und soziokulturellen Umwelt und der mitmenschlichen Kommunikation zum Kristallisationspunkt einer Phobie werden können, wird pragmatisch meist nach Tier- und Situationsphobien unterteilt (wobei komplexe Phobien wie Agora- und Herzphobie ausgeklammert bleiben). Zeitgeschichtliche Einflüsse lassen sich daran ablesen, daß im vorigen Jahrhundert unter den Krankheitsängsten die Syphilophobie und unter den Technikängsten die Eisenbahnfurcht („Dromosiderophobie") vorherrschten, während heute Karzino-, Aids- und Flugphobie häufig sind. Tabelle 2 führt einige historische Begriffe von Phobien auf, die als solche jedoch nichts über deren klinischen Stellenwert aussagen.

Agoraphobie	Furcht vor öffentlichen Plätzen
Anthrophobie	Furcht vor Menschen
Xenophobie	Furcht vor Fremden
Syphilophobie	Furcht vor luetischer Erkrankung
Karzinophobie	Furcht vor Krebserkrankung
Dysmorphophobie	Furcht vor ästhetischer Entstellung
Erythrophobie	Furcht vor eigenem Erröten
Zoophobie	Furcht vor Tieren
Arachnophobie	Furcht vor Spinnen
Herpetophobie	Furcht vor Schlangen
Equinophobie	Furcht vor Pferden
Klaustrophobie	Furcht vor beengten Räumen
Akrophobie	Furcht vor großen Höhen
Hydrophobie	Furcht vor Wasser
Pyrophobie	Furcht vor Feuer
Keraunosphobie	Furcht vor Gewitter
Dromosiderophobie	Eisenbahnfurcht
Mysophobie	Furcht vor Beschmutzung
Dezidophobie	Entscheidungsfurcht
Taphophobie	Furcht vor Scheintod

Tab. 2: Historische Bezeichnungen einiger Objekt- und Situationsphobien

An der Flugphobie – bei der strenggenommen die Flugreisephobie der Passagiere von der eigentlichen Flugphobie der Piloten zu unterscheiden ist – lassen sich auch einige charakteristische Ursachen erläutern. Bei der Flugreisephobie spielen häufig Informations- und Erfahrungsmangel eine Rolle. Oft bestehen eher vage Vorstellungen, wie z.B. daß die Flugzeugflügel abbrechen könnten oder Pilot und Besatzung unzuverlässig seien. Lichtsignale, Durchsagen, Änderungen des Motor- oder Geräuschpegels werden dann als bedrohliche Warnzeichen und mit panischer Angst erlebt. Die Flugphobie der Piloten – vorwiegend Militärpiloten – entwickelt sich dagegen aus tatsächlich erlebten bedrohlichen Flugereignissen heraus, wie etwa katastrophale Zwischenfälle, Beinahe-Zusammenstöße und Abstürze oder das Erleben solcher Ereignisse bei Kameraden. Die phobischen Befürchtungen der Piloten erstrecken sich entsprechend auf ganz spezifische Bedingungen, wie das Fliegen mit bestimmten Hubschrauber- oder Flugzeugtypen, Fliegen in bestimmten Höhen, Landeanflug etc. Bemerkenswerterweise ist die Prognose der Flugphobie bei Piloten um so ungünstiger, je größer ihre Flugerfahrung ist. Zur Flugphobie bei Militärpiloten kann erschwerend hinzukommen, daß die Berufswahl aus einer kontraphobischen Entscheidung erfolgt war (d. h. der eigenen Ängstlichkeit wird mit besonderem Mut begegnet). Schwere Zwischenfälle können dann zu einem Zusammenbruch der „kontraphobischen Struktur" führen. Der hohe Stellenwert einfacher Phobien in der psychologischen Literatur täuscht aber über die eher geringe klinische Bedeutung hinweg, und das Interesse daran ist wohl vor allem auf ihren lerntheoretischen Modellcharakter zurückzuführen.

3. Kommunikationsängste: Agoraphobie, Sozialphobie, Sexualängste

Ängste der mitmenschlichen Kommunikation stellen häufig eine schwere Belastung dar und haben negative Konsequenzen in vielen Sozialbereichen. Zunehmendes Vermeidungs- und Rückzugsverhalten kann den Patienten isolieren und zu weiterer Krankheitsfixierung führen.

Agoraphobie bedeutet wörtlich die Angst vor öffentlichen Plätzen, genauer, vor Menschenansammlungen und Öffentlichkeit. Es handelt sich jedoch nicht nur um eine Angst vor bestimmten Räumen und Plätzen, sondern um einen zunehmenden Rückzug aus immer mehr Lebensbereichen, so daß die Patienten die Wohnung schließlich nicht mehr verlassen und gleichzeitig zu einer kompensatorischen Vereinnahmung des Partners tendieren. Agoraphobie ist daher zutreffender als schwere kommunikative Verunsicherung und als generalisierte Angstvermeidung zu verstehen.

Sozialphobie ist eine ebenfalls auf die mitmenschliche Kommunikation gerichtete Angstform, die durch eine abnorme Ängstlichkeit gegenüber anderen Menschen charakterisiert ist. Bei Sozialphobie scheinen unzureichend entwickelte Kommunikationsformen und eine betont negative Selbsteinschätzung zugrunde zu liegen. Sozialphobie scheint somit in enger Beziehung zur selbstunsicheren Persönlichkeit zu stehen.

Sexualängste lassen sich als eine „Intimform" von Kommunikationsstörungen verstehen, bei denen Angst häufig, aber keinesfalls überwiegend, eine wesentliche Rolle spielt. Ein nicht geringer Teil der Sexualstörungen ist durch rein körperliche Ursachen bedingt (z. B. diabetische Stoffwechselstörung, Gefäß- und Hirnerkrankungen). Da bei Sexualängsten Ambivalenz- und Vermeidungsverhalten dominiert, lassen sich die angstbedingten Formen den komplexen Kommunikationsphobien zuordnen.

Agoraphobie

Die Agoraphobie stellt die schwerwiegendste und beeinträchtigendste Phobie dar und macht etwa 8% aller Phobien aus. Sie kann unter Umständen zu schwerster Behinderung und Arbeitsunfähigkeit führen. Die agoraphoben Beschwerden im engeren Sinne, nämlich Angst vor weiten Plätzen, Straßenalleen, leeren Sälen und Kirchenräumen, kommen selten als einziges Symptom vor. Noch größere Schwierigkeiten bereitet den Patienten, ihre vertraute Umgebung oder Bezugspersonen zu verlassen oder ihrer Hilfe unsicher zu sein. Die Meidung der Außenwelt und der Rückzug auf den Wohnraum hindern die Patienten dann häufig an einfachsten, alltäglichen Notwendigkeiten, wie etwa einen Aufzug zu benutzen, einkaufen zu gehen, Auto zu fahren, zum Arbeitsplatz zu gelangen, Bekannte aufzusuchen oder an Veranstaltungen teilzunehmen. Die Patienten meiden Situationen, in denen sie sich im „Notfall" einer Angstattacke beengt fühlen könnten oder keine rasche Hilfe möglich wäre. Bei der Angst vor großen Plätzen kann eine Begleitperson, manchmal ein symbolisches Objekt wie Spazierstock oder Haustier, hilfreich sein. Für verhaltenstherapeutische Maßnahmen ist es wichtig festzustellen, was die Angst provoziert und was die Angst vermindern kann. Angstprovozierende Situationen sind beispielsweise Schlangestehen vor einem Geschäft, eine Verabredung einhalten, das Gefühl des Festgehaltenwerdens (z. B. beim Friseur), die zunehmende Entfernung von zu Hause. Angstentlastende Situationen sind die Begleitung durch den Partner, Mitnahme vertrauter Gegenstände, ein Sitzplatz in Türnähe, etwa im Kino oder Restaurant.

Im Langzeitverlauf der Agoraphobie treten meist vielfältige andere psychische Beeinträchtigungen auf. Im Vordergrund stehen dabei die Panikattacken, die der Agoraphobie bei der Mehrzahl der Patienten vorausgehen. Im längerfristigen Krankheitsverlauf treten häufig Depressionen auf. Suchttendenzen kommen eher selten, möglicherweise als Kompensationsversuch, vor.

Agoraphobe Patienten werden als ängstliche und scheue, abhängige bis passive, dabei meist ungewöhnlich angenehme Menschen beschrieben. Sie ergreifen nicht von sich aus die Initiative, meiden Konkurrenzsituationen und riskante Unternehmungen. Kommunikative Situationen wünschen und befürchten sie zugleich. Ähnlich wie viele depressive Patienten scheinen sie durch eine Tendenz zu Ordnungssinn und Perfektionismus und gute Arbeitsleistungen charakterisiert. Für den Partner sind sie wegen ihres angenehmen Wesens liebenswert. Neuere Untersuchungen haben diese prämorbiden Persönlichkeitsmerkmale relativiert, so daß sie wohl nur für einen Teil der Patienten zutreffen. Die Agoraphobie ist nicht, wie früher vermutet, auf privilegierte Gesellschaftsschichten beschränkt. Doppelt so viele agoraphobe Frauen als ihre Altersgenossinnen sind ohne Berufstätigkeit. Frauen mit Berufsausübung sind durch die Agoraphobie stärker behindert als agoraphobe Männer. Agoraphobe Patienten haben meist besonders stabil und eng geknüpfte Familienbande, so daß die Familie für sie zugleich einen Zufluchtsort darstellt.

Psychodynamische Erklärungen der Agoraphobie gehen davon aus, daß agoraphobe Patienten wegen ihrer abhängigen Persönlichkeitsstruktur allgemein ängstlich und unsicher gegenüber kommunikativen Anforderungen sind. Sie seien daher zur Entwicklung angemessener Bewältigungsstrategien nicht in der Lage und würden durch Ambivalenz und Unentschiedenheit die Ängstlichkeit verstärken. Eine Atmosphäre mit Zurückweisungen und Bestrafungen emotionaler Reaktionen in der Kindheit führe zur Vermeidung emotionaler Reaktionen, und die agoraphoben Symptome entwickelten sich dann im Konflikt zwischen Abhängigkeit und Verselbständigung. Die Agoraphobie beginnt entsprechend zumeist im frühen Erwachsenenalter, wenn Selbständigkeits- und Verantwortungszuwachs gefordert ist. Die agoraphobe Symptomatik erlaubt dem Patienten dann den Rückzug in jene Abhängigkeit, die das Ambivalenzverhalten früher verursacht hatte. Im Erkrankungsverlauf kann die beschützende Haltung der Umgebung den Patienten in seiner Hilfsbedürftigkeit noch verstärken, und die Meidung angstprovozierender Situationen behindert gleichzeitig die mögliche Entwicklung von Bewältigungsstrategien gegen das eskalierende Angsterleben.

Die der Agoraphobie vorausgehenden Panikattacken wurden ebenfalls als Ursache des zunehmenden Vermeidungsverhaltens interpretiert. Bei manchen Patienten geht aber die Agoraphobie den Panikattacken voraus. Die Bedeutung des Angstvermeidungsverhaltens bei Agoraphobie scheint durch günstige Behandlungsergebnisse mit Verhaltenstherapie bestätigt zu werden. Die medikamentöse Behandlung mit anxiolytischen Benzodiazepinen oder Antidepressiva (Imipramin, Clomipramin, MAO-Hemmer) scheint vorwiegend gegen die Angstattacken wirksam zu sein.

Sozialphobie

Patienten mit Sozialphobie erleben Situationen mit sozialem Aufforderungscharakter oder deren bloße Erwartung mit starker Angst. Sie scheuen sich, in der Öffentlichkeit zu sprechen, von anderen beobachtet zu werden, und sei es nur beim Essen oder Schreiben. Schon die Vorstellung des Zusammentreffens mit bestimmten Personen oder möglicher negativer Beurteilungen durch andere löst bei ihnen Angst aus. Sie fürchten sich vor fremden Personen, Öffentlichkeit, ungünstiger Selbstdarstellung, Verletzungen ihres Selbstwertgefühls, aber auch vor Kontrollverlusten. Im Gegensatz zu anderen Ängsten scheinen bei der Sozialphobie defiziente Kommunikationsformen eine große Rolle zu spielen. Als sozialängstlicher Mensch wird ein Einzelgänger skizziert, der selten oder nie Einladungen wahrnimmt und sich selbst als Person beschreibt, die „viel denkt und wenig spricht". Die Patienten tendieren dazu, leise, langsam, undeutlich und mit monotoner Stimme zu sprechen, kaum mimische und gestische Ausdrucksweisen zu benutzen, ihre Gefühle zu verbergen, sich inhaltlich nur kurz und selten spontan zu äußern. Ihre Äußerungen sind oft farblos, stereotyp und wenig situationsbezogen. Die sozialängstliche Einstellung scheint auch mit körperlichem Distanzierungsverhalten verbunden zu sein, wie etwa mit verringerten Blickkontakten oder vergrößerter räumlicher Distanz zum Gegenüber.

Sozialphobien beginnen früh, häufig schon vor dem Pubertätsalter und ohne erkennbaren psychodynamischen Konflikt. Bei Sozialphobie scheint fast immer eine selbstunsichere Persönlichkeit vorzuliegen. Die Patienten sind introvertiert, wenig gefühlsbetont und durchsetzungskräftig, gleichzeitig besonders empfindlich gegenüber Kritik und Beurteilungen durch andere. Sie haben Schwierigkeiten, Freundschaften herzustellen und sich in eine Gruppe einzufügen. Die Sozialphobie führt fast zwangsläufig zu negativen sozialen Konsequenzen und tendiert zur Symptomfixierung. Als besonders ungünstig erweist sich die negative Selbsteinschätzung der Patienten, mit der sie sich selbst stets schlechter beurteilen, als andere dies tun. Sie scheinen zudem negative Informationen über sich selbst besser zu erinnern als positive Ereignisse, und tatsächliche Rückmeldungen über Erfolg oder Mißerfolg können die negative Struktur ihrer Erinnerungen wenig oder gar nicht beeinflussen. Ihr Sozialverhalten erscheint somit von einem ungünstigen Selbstbild geprägt. Der mit der Sozialphobie verbundene Kommunikationsmangel blockiert darüber hinaus auch die Inanspruchnahme der Hilfe anderer Menschen, was ihr Verhalten weiter verfestigt. Im langfristigen Verlauf einer schweren Sozialphobie können daher die Folgen von Kontaktarmut und sozialem Rückzug zu einer zunehmenden Isolierung und schweren Einschränkungen in vielen Lebensbereichen führen.

Die psychischen, beruflichen und gesundheitlichen Konsequenzen einer geringen oder überhaupt fehlenden mitmenschlichen Hilfe („social support") sind in den vergangenen Jahren zunehmend deutlich geworden. Es scheint daher, daß die Prognose der Sozialphobie gerade wegen dieser Isolierungstendenz und des fehlenden „social supports" langfristig nicht weniger ungünstig ist als bei Agoraphobie, zumal dort die Patienten oft in einem engen Abhängigkeitsverhältnis zum Partner ihre Kommunikationsstörungen kompensieren können. Neuere Beobachtungen haben allerdings auch günstigere Verlaufsformen mit einem spontanen Abklingen im jüngeren Erwachsenenalter festgestellt.

Sexualängste

Im historischen Rückblick war es wiederum Freud, der nicht nur enge Wechselwirkungen zwischen Angst und Sexualität, sondern auch die Bedeutung der Sexualität bei psychischen Erkrankungen aufzeigte. „Die Sexualfunktion unterliegt sehr mannigfaltigen Störungen, von denen die meisten den Charakter einfacher Hemmungen zeigen. Diese werden als psychische Impotenz zusammengefaßt. Das Zustandekommen der normalen Sexualleistung setzt einen sehr komplizierten Ablauf voraus, die Störung kann an jeder Stelle eingreifen ... manche

Hemmungen sind offenbar Verzichte auf Funktion, weil bei deren Ausübung Angst entwickelt werden würde." Obwohl Freud auch hier differenziertere Modellvorstellungen entwikkelte, haben die psychophysiologischen Untersuchungen der letzten Jahrzehnte die engen Wechselwirkungen zwischen Angst und Sexualität bestätigt und Angst oder Angstvermeidung als häufiges Problem bei Sexualstörungen nachgewiesen.

Bei den *sexuellen Funktionsstörungen* des Mannes handelt es sich in erster Linie um Erektionsstörungen (meist mit den Begriffen Potenzstörung oder Impotenz gleichgesetzt) und Ejaculatio praecox. Obwohl bei den Erektionsstörungen nicht selten organische Faktoren eine Rolle spielen und stets als erstes ausgeschlossen werden müssen, können auch Angst vor sexuellem Versagen und Angsthemmung ausschlaggebend sein. Bei den meisten Patienten ist entsprechend die Erektionsfähigkeit nur beim Geschlechtsverkehr, nicht aber bei Selbstbefriedigung und nicht bei den nächtlichen Spontanerektionen gestört. Die angstbedingte Impotenz tritt meist plötzlich, nach einem psychophysischen Trauma und nach bis dahin eher starker sexueller Aktivität (einschließlich vor- und außerehelicher Beziehungen) auf. Beim Trauma kann es sich um unmittelbare Partnerprobleme handeln oder um Ereignisse, die Anlaß zur Befürchtung des Potenzverlustes geben. Die Ejaculatio praecox ist dagegen eher Ausdruck ängstlicher Erwartungshaltung und Übererregbarkeit als einer sexualphobischen Einstellung.

Bei den *sexuellen Funktionsstörungen* der Frau sind angstbedingte, aversive Reaktionen die wichtigste Ursache von Störungen des sexuellen Annäherungs- und Stimulationsverhaltens. In die Ängste der sexuellen Kontaktaufnahme fließen zwangsläufig auch alle Faktoren der Persönlichkeit, der Partnerbeziehung und des psychosozialen, gesellschaftlichen Hintergrundes ein. Die berufliche Emanzipation kann dabei neue Ambivalenzoder Dominanzformen auslösen, die zu sexualphobischer Verweigerung gegenüber dem Partner (oder auch zur Aufnahme *außerehelicher* Beziehungen, in denen diese Problematik ausgeklammert bleibt) führen. Schwerwiegende Vermeidungsängste treten auch fast immer als Folge einer Vergewaltigung auf. Bei vielen Betroffenen kommt es zu den akuten und langfristigen Angstsymptomen der posttraumatischen Belastungsreaktion (vgl. Posttraumatische Belastungskrankheit, Abschnitt III.5). Vaginismus (vaginale Verkrampfung) ist eine Koitusphobie mit exzessivem genitalen Abwehrverhalten. Während beim Vaginismus Angst und psychische Abwehr dominieren, ist die Dyspareunie (schmerzhafter Sexualakt) vorwiegend durch Schmerz und organische Ursachen bestimmt.

Bei den *sexuellen Deviationen* steht die Angstvermeidung der heterosexuellen Begegnung im Vordergrund, ohne jedoch deren ausschließliche Ursache darzustellen. Die Formen der Deviationen reichen dabei von der Vermeidung der heterosexuellen Beziehung bis zur Verschiebung der sexuellen Neigung auf „kommunikationslose" Objekte. Angstvermeidung soll auch bei der Regression auf abhängige oder kindliche Opfer (Pädophilie) eine Rolle spielen. Bei der Verschiebung auf animale oder tote Objekte (Sodomie bzw. Nekrophilie) dürfte der Angstvermeidung neben den im Vordergrund stehenden schweren Persönlichkeitsstörungen und/oder hirnorganischen Erkrankungen jedoch nur die Bedeutung eines zusätzlichen Bedingungsfaktors zukommen. Als weitere angstbesetzte, heterosexuelle Vermeidung wird der Rückzug auf verselbständigte Sexualsymbole gewertet (Fetischismus, Frotteurismus, Erotolalie, Erotographie etc.). Auch bei diesen Deviationen spielen jedoch biologische (genetische) Faktoren eine wesentliche Rolle.

Bei *Homosexualität* dürfte der heterosexuellen Angstvermeidung eine eher untergeordnete Bedeutung zukommen. Homosexuelle Beziehungen werden häufig als weniger angstbesetzt geschildert als heterosexuelle. Die Ängste bei Homosexualität scheinen sich heute vorwiegend auf die konkreten Bedrohungen durch Aids sowie auf gesellschaftliche Einstellungen gegenüber dieser Form sexueller Verwirklichung zu beziehen.

Symptomatische Sexualängste spielen bei fast allen schwerwiegenden organischen und psychiatrischen Erkrankungen und bei deren Rehabilitation eine vielfach vernachlässigte Rolle. Bei Depression tritt der Libidoverlust oft als Symptom der körperlichen Beschwerden bzw. der Vitalstörungen auf. Ein

Verlust des sexuellen Interesses ist aber auch mit vielen anderen psychiatrischen Erkrankungen verbunden. In der Rehabilitation nach schweren Erkrankungen wie Myokardinfarkt und Subarachnoidalblutung (abrupte arterielle Blutung an der Gehirnbasis) wird die Wiedereingliederung des Patienten ins Familien- und Berufsleben erleichtert, wenn auch das Sexualleben wiederaufgenommen werden kann.

Psychodynamisch werden angstbesetzte Sexualstörungen zumeist als ödipaler Konflikt gewertet, der jedoch nur eine mögliche Ursache in einer Kette unterschiedlicher Erfahrungen in verschiedenen Lebensabschnitten darstellt. Eine wesentliche Rolle kommt auch den partnerschaftlichen Erfahrungen selbst zu. Das Erleben sexueller Funktionsstörungen bedingt ängstliche Erwartungen, die wiederum Sexualprobleme verstärken. Ängstliche Selbstbeobachtung und Reaktionen des Partners auf das Versagen begünstigen einen Selbstverstärkungskreis. Die Struktur einer Partnerschaft kann ebenfalls Sexualangst und sexuelle Funktionsstörungen auslösen, verstärken oder unterhalten. So können Libido- oder Orgasmusstörungen der Frau Potenzstörungen beim Mann provozieren, wobei die Sexualstörung beim Partner dann als Entlastung und Alibifunktion für die eigene Störung dient. Männer von Frauen mit Vaginismus entwickeln oft Potenzstörungen. Die Sexualstörung beim Partner tritt aber häufig erst dann zutage, wenn der Partner-Patient erfolgreich behandelt wurde und seine verstärkten Anforderungen dann das (auf einem geringen Anspruchsniveau stabilisierte) Defizit des Partners dekompensieren läßt. Schließlich kann die sexuelle Funktionsstörung auch Ausdruck latenter Aggressionen sein oder als Mittel von Dominanzansprüchen eingesetzt werden. Der als Machtanspruch benutzten männlichen Potenz wird die sexuelle Verweigerung der Frau entgegengesetzt, wodurch ein partnerschaftlicher Zirkelschluß unterhalten wird. Die sexuelle Übereinstimmung wird daher von einigen Autoren als sensibler Indikator für die Kommunikationsfähigkeit von Paaren betrachtet.

4. Ausbildungs- und Berufsängste: Schulverweigerung, Prüfungs-, Erfolgs- und Arbeitsphobien

Schulverweigerung, Prüfungs-, Erfolgs- und Arbeitsängste sind die auf berufliche Entwicklung und Verwirklichung bezogenen Angstformen. Bei der *Schulphobie* bleiben die Kinder aus Angst vor der Schule zeitweilig oder ganz zu Hause. Die Eltern kennen die schulischen Abwesenheiten, begünstigen sie aber zumindest nicht bewußt. Die Kinder leiden zumeist auch unter vielfältigen psychosomatischen Beschwerden. *Prüfungsängste* konkurrieren mit der geforderten Leistung und werden auch als Ausdruck einer Ambivalenz zwischen aufgabengerichtetem und aufgabenirrelevantem, von negativer Selbsteinschätzung bestimmtem Verhalten beurteilt. Bei *Erfolgsphobie* tritt die Angst paradoxerweise gerade dann auf, wenn lang gehegte Berufs- oder Lebensziele erreicht worden sind. Die *Arbeitsphobie* stellt das Äquivalent des Erwachsenenalters zur Schulphobie des Kindes- oder Jugendalters dar und führt zu ängstlichen Vermeidungen in der Berufstätigkeit oder überhaupt zum Fernbleiben vom Arbeitsplatz. Auch bei anderen Arbeitshemmungen im Berufsleben können Angstfaktoren eine Rolle spielen. Arbeitsphobische Aspekte können auch die medizinische Rehabilitation behindern.

Schulverweigerung und Schulphobie

Erst in den 60er Jahren wurde die angstbedingte Schulverweigerung von „Schulschwänzen" und Lernbehinderungen klar abgegrenzt und als psychiatrisches und nicht rein pädagogisches Problem erkannt. Der Begriff der Schulphobie wird zumeist synonym mit Schulverweigerung verwendet, betont aber noch stärker Angstfaktoren und psychosomatische Reaktionen. Die ausgeprägte Schulphobie ist eher selten, zeitweiliges Unbehagen und körperliche Beschwerden vor dem Schulbesuch sind dagegen häufig.

Das schulphobische Beschwerdebild ist durch die ängstliche,

auf den Schulbesuch bezogene Anspannung der Kinder charakterisiert. Sie klagen z. B. über Übelkeit und Schmerzen, trödeln morgens herum, wollen sich nicht anziehen, waschen, frühstücken. Eine panische Angst tritt dann oft schon auf dem Schulweg oder beim Betreten des Schulgebäudes auf. Manchmal wirken die Kinder desorientiert und verwirrt und klammern sich an die Eltern. Wenn ihnen versichert wird, daß sie nicht zur Schule gehen müssen, klingt die Spannung ab, manchmal verbleibt aber eine gewisse Unruhe. Auch zu Hause sind die Kinder nicht völlig gelöst, empfinden eine unbestimmte Drohung, befürchten, etwas Unangenehmes und Schreckliches könnte passieren. Häufig schildern die Kinder, daß sie weniger das „In-der-Schule-Sein" als das „In-die-Schule-Gehen" fürchten. Zu Hause wollen die Kinder die Mutter nicht aus den Augen lassen und sie am Weggehen hindern. Oft ziehen sie sich zurück und sitzen beschäftigungslos herum. Am Wochenende hellt sich die Stimmung auf, obschon sie auch dann nicht richtig gelöst sind. Erst in den Ferien scheinen sie aufzuleben.

Als Ursache der Schulphobie werden vor allem die Familiendynamik und eine abhängig-aggressive Beziehung zwischen Mutter und Kind diskutiert, wobei durch den Schulbesuch des Kindes Abhängigkeitskonflikte der Mutter erneut wachgerufen werden. Während die Mütter die Sorge für die Kinder im Kleinkindesalter gut bewältigen, ängstigt sie die zunehmende Selbständigkeit der Kinder. Häufig besteht bei den Müttern eine Tendenz zu Ängstlichkeit, Depressivität und sozialer Isolierung. Das Leben der Mütter konzentriert sich ganz auf die Kinder, sie hatten keinen Beruf oder gaben diesen für die Kinder auf. Häufig besteht ein idealisiertes Bild der Mutterrolle, die durch eine perfektionistische Haltung noch verstärkt wird. Die Mütter glauben dann, ihrer Aufgabe als Mutter nicht gerecht geworden zu sein und versagt zu haben. Sie sind zu den Kindern nachgiebig und verwöhnend, wollen ihnen schmerzliche Erfahrungen ersparen, sie vor Unangenehmem schützen. Zuweilen benötigen die Mütter die Kinder und deren Nähe für die Erfüllung der eigenen Bedürfnisse oder als Schutz vor den eigenen Ängsten. Die Väter schulphobischer Kinder werden vielfach als schwach, gelegentlich als unreif beschrieben. Sie unterstützen die Familie nur unzureichend und überlassen die Sorge für die Kinder den Müttern. Sie tragen nur wenig zur Lösung bestehender Probleme bei und sind keine wirkliche Stütze für die Familie. Zuweilen scheinen die Väter aber auch die verwöhnende Grundhaltung der Mütter noch zu verstärken.

Prüfungs- und Erfolgsphobie

Prüfungs- oder Examensängste sind an die Meilensteine der beruflichen Entwicklung gebunden. Schwere Prüfungsangst kann den Prüfling so stark behindern, daß das Prüfungsziel verfehlt wird. Leichte Prüfungsangst scheint dagegen für das Prüfungsergebnis eher von Vorteil zu sein. Vielfach wird die Prüfungsangst im engeren Sinne von einem ambivalenten, gewissermaßen nur unentschlossenen Prüfungsverhalten unterschieden. Die sog. Testangst („test anxiety") ist eine häufig verwendete Angstprovokation bei psychologischen Laboruntersuchungen (z.B. freie Rede vor einem Auditorium).

Eine behindernde Prüfungsangst kommt bei etwa jedem zehnten Schüler oder Studenten vor. Die Prüfungsphobie tritt in der Prüfungssituation selbst auf und blockiert damit die mögliche Leistung. Die Arbeitsstrategie in der Prüfungssituation ist dann durch eine mangelnde Konzentration auf die Aufgabenstellung charakterisiert. Die Prüflinge scheinen eher den Mißerfolg meiden als den Erfolg aktiv suchen zu wollen. Sie sind besorgt um ihre mutmaßliche Leistung, grübeln über die Chancen von Mitbewerbern nach und tendieren bei der Aufgabenlösung zu Wiederholungszwängen. Sie begegnen der Prüfung mit einer Vermeidungshaltung und werden dann leicht Opfer ihrer eigenen Unentschlossenheit. Starke Selbstbezogenheit und geringe Aufgabenkonzentration werden daher häufig als der eigentliche Grund der phobischen Prüfungsverfehlung betrachtet. Oft spiegelt das Prüfungsverhalten einen auch sonst angstbesetzten und ambivalenten Lern- und Arbeitsstil des Prüflings wider.

Prüfungsängste sind damit häufig die Fortsetzung von Schul-

und Leistungsängsten und insoweit Ausdruck einer angstbesetzten sozialen Eingliederung. Schon früher lag eine Diskrepanz zwischen hohen Anforderungen und tatsächlichen Leistungen vor. Die Eltern schulängstlicher Kinder scheinen ihnen zuwenig konkrete Hilfen zukommen zu lassen. Aus psychodynamischer Sicht wurden Prüfungen häufig als eine Art Initiation betrachtet, mit der auf formalisierte oder ritualisierte Weise das Fortschreiten zur nächsten Entwicklungsstufe kontrolliert werden soll. Aus psychodynamischer Sicht wurde auch das Rivalitätsmotiv diskutiert, mit dem die Prüfer als Repräsentanten des Vaters oder der Vatergeneration dem Prüfling das Erreichen der eigenen Position erschweren würden.

Erfolgsphobie

Die Erfolgsphobie läßt sich als Gegenpol der Ausbildungsängste verstehen, so daß das Erreichen eines beruflichen Erfolges oder anderer langgehegter Lebensziele nicht akzeptiert werden kann und zu Angst und Angstvermeidung führt. Obwohl mit Erfolgsphobie ursprünglich die psychodynamische Ambivalenz gegenüber der Verwirklichung von Zielen gemeint war, dürfte sie nicht nur in der Erfolgssituation selbst, sondern auch auf dem Weg dorthin eine Rolle spielen. Die Erfolgsphobie als behindernde Angstform ist dabei zu trennen von den begründeten oder notwendigen Umwegen in der beruflichen und persönlichen Entwicklung, wie sie Entscheidungsfindungen häufig vorausgehen müssen. Tiefenpsychologisch wurde die Erfolgsphobie als Wiederholung der (ödipalen) Konkurrenzsituation interpretiert, den Vater erreichen oder übertreffen zu wollen. Der Erfolg wird dann als etwas Unverdientes oder Unrechtes erlebt.

Die Erfolgsphobie tritt in Situationen mit beruflichem Verantwortungszuwachs und mit dem Erreichen der angestrebten Position auf, der sich der Betroffene dann trotz ausreichender Qualifikation nicht gewachsen fühlt. Argwöhnisches oder selbstquälerisches Verhalten, überflüssige Vergewisserungen oder die Flucht in Erholungsurlaube und psychosomatische Beschwerden sind mögliche Ausweichmanöver. Die Erfolgsangst kann sich auch auf andere Lebensbereiche ausdehnen. Im partnerschaftlichen Bereich kann das Vermeiden des formalen Eheschlusses bei einer dauerhaften, eheförmigen Beziehung Ausdruck erfolgsphobischer Vermeidung sein. Auch die Angst vor einem Kinderwunsch kann auf die Weise motiviert sein.

Als eine Art gemeinsamer Nenner bei Erfolgsphobien gilt daher die erschwerte Identitätsfindung, häufig bei negativer Identifikation mit den Eltern und frühen Trennungserlebnissen. Es werden die gleichen Persönlichkeitsstrukturen wie bei Schul- und Arbeitsphobie diskutiert. Oft zeichnen sich solche Personen durch gleichzeitig hohe Arbeitsleistung und geringe Selbständigkeit aus. „Hintergrund-Positionen" können diese Schwächen dann besser verbergen als eine verantwortliche Position.

Arbeitsphobie und Berufsängste

Während die Arbeitsphobie eine übertriebene, unangemessene Angstreaktion auf die Arbeitssituation ist, gründen die vielfältigen Berufsängste in tatsächlichen, ungünstigen oder auch schwer belastenden Arbeitsplatzverhältnissen. Die Bedeutung solcher Berufsbelastungen wird schon daraus ersichtlich, daß der Arbeitsplatz keineswegs nur der beruflichen Betätigung und Einkommenssicherung dient, sondern in besonderer Weise auch ein Ort der sozialen Kommunikation und der gesellschaftlichen Anerkennung ist. Gefährdungen des Arbeitsplatzes oder gar das Ausgeschlossensein von beruflicher Aktivität (z. B. bloße Hausfrauentätigkeit, Arbeitslosigkeit) bedeuten daher bei dem heutigen Gesellschaftsverständnis oft eine besonders schwere Form des Ausschlusses aus der Gesellschaft (und gewissermaßen die säkularisierte Fortsetzung der kirchlichen Exkommunikation).

Bei der *Arbeitsphobie* führt (ähnlich wie bei der Schulphobie) bereits die Absicht oder Vorstellung, zur Arbeit zu gehen oder am Arbeitsplatz verbleiben zu müssen, zu Angstattacken und psychosomatischen Beschwerden. Bei längerer Krankheitsdauer können sich zusätzlich agoraphober Rückzug und kompensatorisches Anklammern an Partner oder Angehörige entwickeln.

Neben solchen ausgeprägten Arbeitsphobien kommen vielfältige andere Arbeitsvermeidungen vor. Dabei besteht zumeist eine geringe Identifikation mit der beruflichen Tätigkeit. Die Arbeit wird ohne innere Beteiligung, mit roboterhafter Monotonie verrichtet. Die Arbeitshemmungen werden auch in Unlustgefühlen, innerer Spannung, Nervosität und Ausweichverhalten (Träumen, Grübeln, Rauchen, Trinken und Naschen) oder in unkonzentriertem Arbeiten, im Aufschieben von Terminarbeiten und in der Flucht in Ordnungszwänge sichtbar. Sozialer Vergleich, Effizienzkontrolle und Erfolgsorientierung der eigenen Arbeit werden gescheut. In der Arbeitsproduktivität können sich diese Verhaltensweisen als Zuspätkommen, gehäufte Abwesenheit und Stellenwechsel, Rückzugstendenzen mit Desinteresse an der Arbeit, Drogen- und Alkoholmißbrauch und gehäufte Arbeitsunfälle und Krankmeldungen niederschlagen.

In der *Rehabilitation und Reintegration* von Patienten spielen arbeitsphobische Einstellungen ebenfalls eine nicht geringe Rolle. Ähnliche Schwierigkeiten kommen auch bei der Rückkehr von Wehrpflichtigen ins Zivilleben nach längerem Kriegsdienst vor. Die Wiederherstellung einer eigenen Verantwortlichkeit stellt dabei das Hauptproblem dar. In der medizinischen Rehabilitation spielen für die berufliche Wiedereingliederung überraschenderweise sozial- und arbeitsphobische Momente eine mindestens ebenso große Rolle wie die aus der Krankheit selbst resultierenden Defizite. Patienten befürchten beispielsweise, daß die frühere Berufstätigkeit die eigentliche Krankheitsursache gewesen sei oder daß die Arbeitswiederaufnahme zu dauernder Invalidität oder gar zum Tod führen könne. Bei etwa jedem vierten bis fünften Patienten spielen für die fehlgeschlagene Wiedereingliederung in den Arbeitsprozeß psychologische Faktoren eine Rolle. Dies gilt in besonderer Weise für psychiatrische Patienten (z.B. schizophrene „Defektsyndrome"), bei denen die Arbeitsplatzbeschaffung zudem stark von der allgemeinen wirtschaftlichen Situation abhängt. So muß in der Rehabilitation nahezu jeder zweite Patient mit mehr als sechsmonatiger Arbeitsunterbrechung auf Dauer aus dem Arbeitsleben ausscheiden. Die berufliche Reintegration ist damit zugleich ein Indikator der Genesung.

Aufgrund der kommunikativen Bedeutung der Arbeit und der Einbettung der Leistungsmotivation in gesellschaftliche Zusammenhänge haben Arbeitsphobien stets individuelle und gesellschaftliche Aspekte. Zufriedenstellende Arbeitsmotivation und Arbeitsfähigkeit setzen ein ungestörtes Gefüge innerer und äußerer Berufsbedingungen voraus. Erst im Laufe der letzten beiden Dekaden wurden die Arbeitsplatzfaktoren für berufliche Zufriedenheit bzw. Berufsängste und psychosomatische Beschwerden näher herausgearbeitet. Die Arbeitsplatzmotivation fördern realistische, aber auch nicht zu geringe Anforderungen, hinreichend wechselnde und neue Aufgaben, die Möglichkeit, an der Arbeit zu lernen und sich fortzubilden, eine gewisse Autonomie und Entscheidungsfreiheit sowie angemessene Hilfen, Anerkennung und Zukunftsperspektiven. Das Arbeitsprodukt sollte zudem eine gewisse gesellschaftliche Bedeutung erkennen lassen. Albert Camus bemerkte: „Ohne Arbeit geht jedes Leben zugrunde. Bei einer seelenlosen Arbeit aber erstickt und stirbt das Leben." Die arbeitsbedingten Streß- und Angstfaktoren unterscheiden sich dabei erheblich zwischen Berufsgruppen, Betriebs- und Aufgabenstruktur, Produktionsart usw. Häufige Belastungsfaktoren wie Monotonie, Streß, Lärm, Schichtdienst, spezielle Berufsgefahren waren bei Frührentnern wesentlich häufiger anzutreffen als bei Erwerbstätigen, die bis zum Rentenalter arbeiteten. Insgesamt arbeitet heute nur etwa die Hälfte der Erwerbstätigen bis zum gesetzlichen Rentenalter.

5. Die Angst um die psychophysische Integrität: Diagnostik-, Behandlungs- und Verletzungsängste, Postkardiotomiesyndrom und Herzschrittmacher, Unfallphobie und Unfallneurose, Körperschema und Dysmorphophobie

Obwohl letztlich alle Menschen die lebens- und gesundheits-erhaltenden diagnostischen und therapeutischen Eingriffe der modernen Medizin im Falle einer bedrohlichen Erkrankung dankbar akzeptieren und gerade in den beiden letzten Dekaden umwälzende Verbesserungen von Untersuchungs- und Operationsverfahren erzielt werden konnten, bleiben noch genug schmerzhafte und ängstigende Prozeduren. Für den Patienten bedeuten diese Eingriffe einen „Annäherungs-Vermeidungs-Konflikt", da diese Belastungen zwar wegen der Heilungsaussichten toleriert werden, andererseits Komplikationen nicht mit letzter Sicherheit auszuschließen sind. Es erfordert daher eine Art intellektueller Redlichkeit, die Chancen und Grenzen der Medizin hier anzuerkennen und sich nicht in irrationale Alternativen zu flüchten. Bemerkenswerterweise besteht dieses Problem auch weniger bei den Patienten selbst als bei den Gesunden – vielleicht gerade deswegen, weil ihnen die Betroffenheit des Kranken fehlt.

Verständlicherweise bedeuten aber auch manche extreme Krankheitszustände (z. B. hoher Rückenmarkquerschnitt) für die Patienten, manchmal auch für die Pflegepersonen, eine schwere Belastung und kaum zu bewältigende Ängste. Umgekehrt kann sich an eine Vielzahl körperlicher Erkrankungen oder Verletzungen auch eine übertriebene phobische Angst anknüpfen (z. B. Aids- oder Unfallphobie).

Im Grenzbereich zwischen Gesundheit und Krankheit kommen ferner körperbezogene Befürchtungen vor, die sich auf die Selbst- oder Fremdwahrnehmung des körperlichen Erscheinungsbildes beziehen (z. B. Dysmorphophobie) und die zudem stark von gesellschaftlichen Leitbildern beeinflußt sind (z. B. kosmetische Operationen, Anorexie).

Belastende diagnostische und therapeutische Eingriffe

Die Besorgtheit und Angst der Patienten vor und bei eingreifenden diagnostischen Maßnahmen (z. B. Bronchoskopie, Gastroskopie, Knochenmark- und Lumbalpunktion) sind meist stärker ausgeprägt, als dem routinierten Untersucher bewußt ist, umgekehrt sind aber Patienten, die solche Untersuchungen aus phobischer Angst ablehnen, die Ausnahme. Viele Besorgnisse wegen der begründeten Begleiterscheinungen solcher Untersuchungen (z. B. Hitzegefühl bei Gefäßkontrastuntersuchung, Kopfschmerz nach Lumbalpunktion) lassen sich allein schon durch vollständige Information und ein offenes Gespräch auflösen. Die gewaltigen Fortschritte in den bildgebenden Verfahren (z. B. Computer- und Kernspintomographie) haben außerdem diagnostische Prozeduren erübrigt, die mit oft schwerwiegenderen Belastungen verbunden waren als die operativen Eingriffe selbst (z. B. Gehirndarstellung durch Luftfüllung der Hirnkammern). Trotzdem verbleiben stets einige wenige Patienten, die wegen krankhafter Angst eingreifende, aber auch völlig harmlose Untersuchungen nicht tolerieren können (z. B. Klaustrophobie beim Kernspintomogramm oder Nadelphobie bei Injektionen). Zuweilen helfen dann auch keine beruhigenden Medikamente, und eine Behandlung der Phobie ist notwendig. Mit starker Erwartungsangst sind für viele Patienten auch manche therapeutischen und chirurgischen Eingriffe verbunden. Auch hier bleibt aber festzuhalten, daß die Mehrzahl der Patienten ihren Ärzten großes – in Hinblick auf die eigene Mithilfe bei der Behandlung manchmal eher zu großes – Vertrauen schenkt und daß es die naturwissenschaftliche Medizin ist, die durch die heute scheinbar so selbstverständlichen Behandlungsmethoden für die Mehrzahl der Menschen Lebensmöglichkeiten und Lebenszeiterwartung erheblich vergrößert hat. Insgesamt stellen daher operative Eingriffe bei angemessener Information und geeigneter Prämedikation und Narkosetechnik keine unüberwindbaren psychischen Belastungen mehr dar.

Größere Probleme können allerdings bei Eingriffen auftreten, die mit sehr hohem technischen Aufwand, größerem Risiko und gleichzeitig auch beschränkten Erfolgsaussichten verbunden sind. Solche Eingriffe sind beispielsweise die Operation und Bestrahlung bösartiger Tumore, aber auch manche Herzoperationen mit Einsatz von „Herz-Lungen-Maschine". Herztransplantations-Patienten sind nicht nur durch eine oft lang dauernde Vorgeschichte mit Herzleistungsschwäche (Kardiomyopathie) belastet, sondern aufgrund möglicher Sauerstoffmangelzustände des Gehirns vor und während der Operation auch in ihren Hirnleistungsfunktionen beeinträchtigt. Es ist also nicht nur die begründete Angst, einem schwerwiegenden und risikobehafteten Eingriff konfrontiert zu sein und mit einem nicht geringen postoperativen Risiko rechnen zu müssen, sondern es können auch hirnorganische Faktoren die psychische Situation des Patienten komplizieren. Bei solchen Herzoperationen tritt daher manchmal das sog. Postkardiotomie-Syndrom oder sogar eine Postkardiotomie-Psychose auf, in der sich die psychischen und neuropsychologischen Faktoren wechselseitig verstärken können. Schließlich kann auch die Rehabilitation dieser Patienten durch ängstliches Vermeidungsverhalten und Resignation behindert sein. Bei anderen Herzeingriffen (Bypass- und Herzklappen-Operationen) sind diese Probleme dagegen im allgemeinen weit weniger gravierend.

Der heute bei vielen Erkrankungen und Defekten mögliche Einsatz von technischen Steuersystemen (z. B. implantierter Herzschrittmacher, Insulinpumpe, Dialyse) oder prothetischen Versorgungen werden von den Patienten ebenfalls ganz überwiegend als Entlastung und Hilfe akzeptiert, und die oft notwendigen hohen Anforderungen an die eigene Mitarbeit (z. B. Heimdialyse, gehäufte Blutzucker-Selbstbestimmung, Anuspraeter-Pflege) werden nur selten durch Angstverhalten blockiert. Dabei sind dann problembezogene, verhaltensmedizinische Therapieverfahren am hilfreichsten.

Einige Krankheiten schließlich scheinen aber jedes vorstellbare Maß an Belastung und Leidensfähigkeit beim Patienten selbst, oft aber auch bei den Betreuern, zu überschreiten. Es sind dies außer bösartigen Tumoren, besonders auch bei Kindern, einige neurologische Krankheitsbilder, die das Gehirn gewissermaßen seiner völligen Einsamkeit überlassen, in denen nach allem, was wir wissen und verstehen können, höhere und höchste Hirnrindenfunktionen (d.h. Bewußtseinsfunktionen) in gewissem Umfang erhalten bleiben, der Patient gleichzeitig aber von allen wesentlichen Informationen über die Außenwelt abgeschnitten ist und zuweilen auch alle Reaktionsmöglichkeiten blockiert sind (z.B. sog. Locked-in-Syndrom). Hier versagen letztlich alle von Gesunden entwickelten (und meist an weit weniger dramatischen Gesundheitsstörungen hergeleiteten) Krankheitsmodelle. Der formal-juristische Umgang mit diesen Extremzuständen, zu dem die Medizin hier durch gesellschaftliche Auffassungen verpflichtet ist, scheint nicht nur unsere Hilflosigkeit, sondern auch eine extreme Angstverdrängung widerzuspiegeln.

Krankheits- und Unfallphobien

Krankheitsphobien beruhen auf vermeintlichen, falsch eingeschätzten gesundheitlichen Bedrohungen. Die Angst wird dabei nicht weniger realistisch erlebt als bei entsprechenden Organerkrankungen. Die Patienten stellen sich zumeist bekannte und gefährliche Krankheiten vor (früher z.B. Syphilophobie, heute Aidsphobie). Auch andere bedrohliche Krankheitsbilder wie Krebs- oder Herzerkrankungen können zum Gegenstand phobischer Befürchtungen werden (vgl. Herzphobie, Abschnitt III.2). Eine Unfallphobie entwickelt sich gelegentlich bei Verletzten oder Verkehrsunfallopfern, so daß das Verkehrsmittel, der Unfallort oder Symbole des Unfallereignisses mit starker Angst erlebt und gemieden werden. Die Betroffenen setzen sich dann beispielsweise nicht mehr in ein Auto oder machen Umwege um den Unfallort. Von der Unfallphobie ist die Unfallneurose als generalisiertes Krankheitsbild nach meist geringfügigen Verletzungen abzugrenzen. Eine Variante der Verletzungsphobien stellt die früher häufiger beobachtete „Metzger-Phobie" dar, bei der die Ohnmacht nach Bagatellverletzungen in einer auffälligen Diskrepanz zur beruflichen Tätigkeit stand.

Bei der *Dysmorphophobie* liegt eine überwertige Besorgtheit um die psychophysische Integrität vor, bei der bestimmte Aspekte des körperlichen Aussehens als entstellend erlebt werden und zum meist unkorrigierbaren Wunsch nach operativer Verschönerung führen. Im allgemeinen handelt es sich um Körperregionen, denen besondere kommunikative Bedeutung zukommt (Gesicht, Erscheinungsbild, sekundäre Geschlechtsmerkmale). Die Betroffenen sind über Form und Größe von Nase, Ohr, Kinnpartie, bei Frauen des Busens, der Fettverteilung usw. in übertriebener Weise besorgt oder von diesen Vorstellungen beherrscht und konsultieren die Ärzte für plastische Chirurgie meist so lange, bis sie trotz der für andere nicht nachvollziehbaren Deformität eine kosmetische Korrektur durchsetzen können. Möglicherweise wird diese Angstform von den gesellschaftlichen Zwängen eines jugendlichen, dynamischen (und bei Frauen möglichst schlanken) Aussehens begünstigt. Umgekehrt scheinen aber schwere Formen in ihrer unkorrigierbaren Fixierung auf eine psychotische Erkrankung hinzuweisen. Ein gestörtes Selbstverständnis des körperlichen Aussehens und Befindens im Sinne einer „Körperschemastörung" wird auch bei den Krankheitsbildern der Anorexie und Bulimie als wesentlich erachtet. Vielfach wird daher auch bei diesen Störungen ein Zusammenhang mit dem modernen Geschlechtsrollenverständnis der Frau vermutet, zumal die Eßstörungen junger Frauen parallel zu den emanzipatorischen Fortschritten drastisch zugenommen haben.

III. Angst bei psychischen und körperlichen Grunderkrankungen (Sekundärängste)

1. Angst bei psychiatrischen Krankheiten: Depression, Schizophrenie und Zwänge

Psychiatrische Erkrankungen können mit ebenso massiver Angst verbunden sein wie schwere körperliche Störungen. Depressive Patienten erleben den Verlust von Freude, Vitalität und Anteilnahme an der Welt häufig nicht nur mit Hoffnungslosigkeit und Verzweiflung, sondern auch mit starker Angst. Schizophrene Patienten scheinen zuweilen das Hereinbrechen der psychotischen Welt mit einem dramatischen Bedrohungserleben und einer Art Weltuntergangsstimmung („Trema") vorwegzunehmen. In den akuten Krankheitsstadien leiden die Patienten oft an starker Angst, wogegen der chronische Verlauf mit seiner Nivellierung der Persönlichkeit des Kranken besonders für die Umgebung erschreckend ist. Zwänge als verselbständigte und oft ritualisierte Gedanken- und Verhaltensbruchstücke werden auch in der psychiatrischen Klassifikation als versteckte Angstform verstanden. Zwangsvorstellungen ängstigen den Kranken meist direkt, Zwangsrituale lassen die Angst oft erst nach deren Unterbindung sichtbar werden.

Angst und Depression (Angstdepression)

Angst und Depression sind einander verwandte Emotionen, die oft gemeinsam vorkommen, aber getrennt verstanden und behandelt werden müssen. Beide rühren an die Grundängste des Menschen, beide erschüttern das Vertrauen und die Kraft zur Hoffnung. Beide Emotionen haben viele phänomenologische, aber auch ursächliche Verbindungen. Es ist daher nicht verwunderlich, daß im Langzeitverlauf von Panikstörung und Agoraphobie auch phasische Depressionen vorkommen und bei manchen Depressionen Angstsymptome oder ängstliche Erregung im Vordergrund stehen. Auch Mischbilder, bei denen sich Depression und Angst schwer voneinander trennen lassen, sind keineswegs selten, so daß von Angstdepression gesprochen wird.

Die Trennung beider Formen der Emotionsstörung ist aber schon wegen unterschiedlicher Behandlungsstrategien notwendig. Angststörungen und depressive Erkrankungen weisen häufig die gleichen körperlichen Beeinträchtigungen auf. Diese reichen von vegetativen Mißempfindungen bis hin zu Schlafstörungen. Bei der „Major Depression" scheint die Angst oft unmittelbar im melancholischen Erleben zu wurzeln, in dem die Welt als Ganzes ihre Attraktivität, Bedeutung und Zukunft verloren hat. Ängstlich-besorgte, überwertige oder auch wahnhafte Einschätzungen aktueller und vergangener Ereignisse quälen den Patienten. Frühere Fehler und bewältigt geglaubte Belastungen treten als neue Ängste auf, die Kretschmer wie folgt beschrieb: „Die alten Komplexe sind wie Steine im Flußbett, die bei tiefem Wasserstand störend über die Wasseroberfläche kommen. Steigt der Pegelstand, so liegen diese bedeutungslos auf dem Grunde und die Schiffe fahren ruhig darüber weg." Die Angst der endogenen Depression wurde daher auch als „existentielle Angst" oder als „Freilegung der Urängste des Menschen" beschrieben.

Aus der Sicht der kognitiven Psychologie stellen Angst und Depression zwei Seiten negativer Verstärkung dar. Angst wird als Ausdruck der Hilflosigkeit in Belastungen und Konflikten gesehen, Depression darüber hinaus gewissermaßen als Bestätigung der Aussichtslosigkeit aller Bemühungen. Bei Angst erscheinen somit vor allem die Zukunft, bei Depressionen Zukunft und Vergangenheit verdüstert, perspektivelos. Die Depression stellt auch insoweit die schwerwiegendere Beeinträchtigung dar, als depressive Patienten in ihren konkreten Arbeits- und Freizeitbetätigungen oft schwerer behindert sind als Angstpatienten.

Die wahnhafte Angst

Die Bedrohung der geistigen Integrität und Identität, die eine schizophrene Psychose für den Betroffenen (und für die Angehörigen) darstellt, löst bei vielen, aber keineswegs allen Patienten starke Angst aus. Patienten mit Wahn- und Erregungssymptomen (paranoide und katatone Schizophrenie) leiden deutlich mehr an Angst als Patienten mit den scheinbar weniger dramatischen oder schleichenden Persönlichkeitsänderungen (Hebephrenie und Defektsyndrome). Das der akuten Psychose manchmal vorausgehende „Trema" ist durch eine unbestimmte, diffuse Angst charakterisiert. Die Angst bezieht sich nicht auf bestimmte Ereignisse, sondern scheint eine fundamentale Verunsicherung und Bedrohung widerzuspiegeln, in der Mitmenschen und Umwelt fremd, unwirklich, vertrauenslos geworden sind. Die Welt als solche ist bedrohlich geworden. „Es spiegelt sich im Antlitz der Situation das Unheil, von dem sie (die Situation) bereits weiß, ihn (den Patienten) aber noch im unklaren beläßt. Dieses Unheil ist mehr als ein gewöhnliches Unglück, es ist nicht mehr und nicht weniger als die Infragestellung der eigenen Existenz" (Conrad). Diese – oft schon wahnhafte – Gestimmtheit kann mit exzessiver Angst verbunden sein und wird zuweilen auch im Wahnerleben eines Weltunterganges erlebt.

Trugwahrnehmungen (Halluzinationen) ängstigen durch ihre befremdlichen bis bedrohlichen Inhalte die meisten, aber keineswegs alle Patienten. Besonders erschreckend sind für manche Patienten die körperlichen oder „coenästhetischen" Mißempfindungen mit ihren oft grotesken und absurden Organwahrnehmungen, die der Patient realistisch erlebt und von denen er sich nicht kritisch distanzieren kann. Stark angstprovozierend sind verständlicherweise auch jene Wahngedanken, die Verfolgungs- und andere Bedrohungsereignisse beinhalten.

Die Gefährlichkeit der schizophrenen Grundstörung mit ihrem Zerfall der Einheit von intellektuellen und emotionalen Funktionen und dem Verlust der Selbstidentität kann nicht von allen Patienten selbst wahrgenommen werden und wird für sie oft erst an den sozialen Konsequenzen deutlich. Ohne die Schutzmauern einer in sich stabilen Persönlichkeit ist der Kranke der Außenwelt ausgeliefert, die durchlässigen Grenzen zur Umwelt machen mitmenschliche Annäherung bedrohlich und können der Ausgangspunkt für zunehmenden Rückzug und Isolation werden. Tatsächlich ist ein hoher Prozentsatz schizophrener Patienten mit chronischem Krankheitsverlauf von sozialem Abstieg, gesellschaftlicher Isolierung oder sogar Verwahrung bedroht. Möglicherweise spielt bei schizophrenen Patienten auch eine besondere soziale Angstbereitschaft eine Rolle. In der Umgebung, welche die Krankheit des Patienten nur schwer einordnen kann, herrschen häufig kritische Kommentare und emotionale Distanzierung vor, was wiederum zu einem Angstverstärkungskreis führen kann. Ein Psychiater des vorigen Jahrhunderts hat dazu einmal bemerkt, daß wir das größte Verständnis gerade für die Kranken haben sollten, die es uns nicht leicht machen, ihre Krankheit akzeptieren zu können.

Die Angst der Zwänge

Die meist bedrohlichen oder aggressiven Inhalte von Zwangsgedanken ängstigen die Patienten unmittelbar, während die Angstkomponente des Zwangsverhaltens erst beim Versuch, dieses zu unterdrücken, deutlich wird. Aufgrund dieser engen Beziehung zwischen Zwang und Angst werden Zwänge auch in den neueren psychiatrischen Klassifikationen den Angstkrankheiten zugeordnet. Bewegungs- und Sprachstereotypien kommen aber auch bei Gehirnerkrankungen und epileptischen Anfällen vor. Es erscheint bemerkenswert, daß bei diesen Anfallsformen Angst und Bewegungsstereotypien meist gemeinsam auftreten, die Beziehungen zwischen Angst und Stereotypien also auch hier rein körperlich bedingt sein können.

Zwangsgedanken und Zwangsvorstellungen beziehen sich auf bestimmte Objekte und Situationen, drängen sich aber spontan, ohne Objekt- oder Situationsbindung auf und sind daher nicht vermeidbar. Die Grübeleien können oft den Großteil des Tages in Beschlag nehmen. Inhalte der Zwangsvorstellungen sind häufig Verletzungen, Unfälle, Erkrankungen, Katastrophen oder Gewalttaten, an denen nahestehende Personen beteiligt sind. Die Befürchtungen werden konkret und bildhaftrealistisch erlebt. Gelegentlich drängen sich stereotype Sätze, Verse, Melodien oder „Wenn-dann-Vorstellungen" auf. Manche Zwangsvorstellungen beinhalten fremd- oder autoaggressive Inhalte, wie z. B. jemandem verbale, körperliche oder sexuelle Gewalt anzutun, jemanden zu verletzen oder zu töten, sich selbst oder andere vor ein Auto, vor einen Zug zu werfen, sich von einem Turm zu stürzen, Verpöntes, Obszönes oder Blasphemisches auszusprechen oder auszuführen. Zwangsimpulse werden indessen praktisch nie realisiert. „Zwangstäter sind untätige Täter." Die Patienten empfinden diese Impulse jedoch als wesensfremd und entwickeln häufig schwere Versagens- und Schuldgefühle.

Zwangshandlungen sind auch für die Umwelt sichtbar und können nicht, wie die Zwangsgedanken, vom Patienten lange Zeit verborgen gehalten werden. Häufig stehen die Zwangshandlungen in direktem Zusammenhang mit den Zwangsvorstellungen und werden dann zur Abwehr der angstauslösenden Zwangsgedanken ausgeführt. Zwangshandlungen stellen in sich durchaus folgerichtige Verhaltensabläufe dar. Ihr pathologischer Charakter ergibt sich vor allem aus dem automatisierten Handlungsablauf und der situativen Unangemessenheit. Häufige Zwangshandlungen sind Wiederholungs-, Kontroll-, Reinigungs und Vermeidungszwänge sowie zwanghafte Verlangsamung oder auch überzogene Genauigkeit. Bei Kontrollzwängen müssen Handlungen oder Unterlassungen von möglicherweise bedrohlichen Konsequenzen (Gashahn zudrehen, Wohnungstür abschließen) immer von neuem überprüft werden. Auch die gewissenhafteste Kontrolle schützt nicht vor weiteren Zweifeln. Bei Reinigungszwängen wird eine realistische (Schmutz, Infektion) oder symbolische Verunreinigung (Versündigung) befürchtet. Die Patienten waschen die Hände oder baden bis zu Hautschädigungen, lassen „kontaminierte" Kleidungsstücke reinigen. Bei Vermeidungszwängen müssen gegenüber bestimmten Objekten oder Ereignissen Entlastungsrituale ausgeführt werden, so daß hier eine gewisse Nähe zum phobischen Verhalten vorliegt. Bei zwanghaften Verlangsamungen zeigen die Patienten ein zeitlupenhaft verlangsamtes Verhalten. Gelegentlich können sich Ordnungszwänge auch auf die Systematisierung gedanklicher Inhalte erstrecken, etwa die Zeit durch bestimmte Zahlenabfolgen zu strukturieren.

Als Ursache der Zwänge werden konditionierte Angstreaktionen diskutiert. Wie bei anderen Angstformen provoziert ein neutraler Reiz nach wiederholter Verknüpfung mit einem bedrohlichen Ereignis eine Angstreaktion, die durch die Verhaltensstereotypien unterdrückt wird. Bei Zwängen wird als entscheidend betrachtet, daß eine Löschung (Extinktion) dieser konditionierten Reaktion schon deswegen nicht mehr erzielt werden kann, weil mit dem Zwangsverhalten jede weitere Angstkonfrontation vermieden wird. Auf diese Weise besteht zudem die Tendenz zur Konditionierung auf weitere Objekte, aber auch auf gedankliche und sprachliche Inhalte. Da Zwangsinhalte nicht konkret gemieden werden können, werden die angstmindernden Zwangsrituale auch als aktives Vermeidungsverhalten betrachtet.

2. Herzangstsyndrome: Koronares Angstsyndrom, Herzarrhythmien als Angstquelle, Herzphobie

Akute und schwere Störungen der Herztätigkeit stellen eine objektive Lebensbedrohung dar und sind schon deswegen stark angstprovozierend. Beim *koronaren Angstsyndrom*, d. h. bei den Sauerstoffmangelzuständen des Herzens aufgrund verminderter Durchblutung der Herzkranzgefäße (Angina pectoris, Myokardinfarkt), kommt es daher bei den meisten Patienten zu einem akuten Angst-Schmerz-Syndrom des Herzens, bei dem sich der koronare „Vernichtungsschmerz" und die Angst der realen Lebensbedrohung wechselseitig verstärken können. Diese Herzangst bedarf deswegen stets einer eigenen Behandlung.

Eine ähnliche Lebensbedrohung stellen schwerwiegende *Herzrhythmusstörungen* dar. Beim Myokardinfarkt sind fatale Herzrhythmusstörungen die Hauptursache für den Tod innerhalb der ersten Krankheitstage. Während die weitaus meisten der Patienten mit Herzschrittmachern keine wesentlichen Anpassungsschwierigkeiten haben, stellen die modernen Defibrillations-Schrittmacher eine massive Belastung dar, die auch zu schweren Angststörungen führen kann.

Die *Herzphobie* ist ein Herzangst-Syndrom, das durch eine herzzentrierte Angst ohne faßbare organische Herzerkrankung charakterisiert ist. Eine vorwiegend anlagebedingte Herzklappenvariante ist das sog. *Mitralklappenprolaps-Syndrom*, das zwar mit schwerwiegenden Herzarrhythmien einhergehen kann, sich jedoch nicht als plausible Ursache der Herzphobie erwiesen hat. Neuere Ergebnisse sprechen dafür, daß die Herzphobie und die damit verbundenen Herzangstanfälle eine Form der Panikstörung (oder Angstneurose) darstellen.

Das koronare Angstsyndrom

Obwohl sich die Sauerstoffmangelversorgung des Herzmuskels aufgrund von Herzkranzgefäßerkrankungen vor allem im Angina-pectoris- oder Infarktschmerz äußert, sind die meisten Erscheinungsformen und Verlaufsstadien der koronaren Herzerkrankungen auch von Angst begleitet. Die Angst der koronaren Herzerkrankung scheint unmittelbar von deren Bedrohlichkeit abzuhängen. Beim Myokardinfarkt sind jene Patienten am stärksten geängstigt, die noch auf der Intensivstation versterben. Die Angst des Infarkt-Patienten äußert sich dabei häufig nicht offen und nur ausnahmsweise mit panischer Todesangst. Seine Angst wird vielfach nur indirekt aus seinem Ausdrucksverhalten und bei gezieltem Nachfragen ersichtlich. Auch in Gesprächen können die Kranken ihre Ängste oft nicht verbalisieren und deuten sie nicht selten in verdeckten oder sarkastischen Äußerungen an, wie etwa „ich gäbe eine schöne Leiche ab". Im Verlauf der Behandlung auf der Intensivstation läßt sich bei den Myokardinfarkt-Patienten daher häufig beobachten, daß die Angst in den ersten beiden Tagen am stärksten ausgeprägt ist, dann eher Verleugnungstendenzen dominieren, mit denen die kritische Situation durch ein „Nichtwahrhabenwollen" bewältigt wird, und erst später depressive Reaktionen einsetzen. Die oft geäußerte Meinung, die kühle und technische Atmosphäre der Intensivstation selbst sei eine starke Angstquelle für die Patienten, trifft dagegen kaum zu. Die Mehrzahl der Patienten, die wegen akuter und lebensbedrohlicher Erkrankung auf Intensivstationen versorgt werden mußten, schilderten den Aufenthalt vielmehr als beruhigend und sicherheitsvermittelnd.

Unter den Patienten mit rezidivierenden koronaren Durchblutungsstörungen scheinen Patienten mit sog. chronisch-stabiler Angina pectoris, bei der Beschwerdebesserung in Ruhe oder auf Nitrat-Gabe eintritt, kaum zu Angstreaktionen zu tendieren. Bei Patienten mit instabiler, progredienter und bereits in Ruhe oder Schlaf auftretender Angina pectoris scheint Angst dagegen eine ähnliche Rolle wie beim Myokardinfarkt zu spielen.

Verständlicherweise bedeuten auch alle anderen schweren Herzerkrankungen, insbesondere jene mit chronischem Herzversagen und entsprechenden Leistungsstörungen (wie z. B. Patienten mit hämodynamisch wirksamen Herzklappenfehlern oder Herzmuskelschwäche), schwere bis schwerste psychische Belastungen, die dann zwangsläufig auch mit ängstlich-depressiven Reaktionen verbunden sind. In der Behandlung der kardiologischen Erkrankungen und besonders bei deren Rehabilitation werden daher auch psychische Faktoren zunehmend berücksichtigt.

Über eine zu koronarer Herzkrankheit disponierende Persönlichkeitsstruktur wird bereits seit der Erstbeschreibung eines Angina-pectoris-Anfalles diskutiert (Heberden 1772). Zu Beginn des Jahrhunderts fand Osler als auffälligstes Merkmal der Myokardinfarkt-Patienten eine „unaufhörliche berufliche Tretmühle" und ein ständiges „Sich Abrackern". Er beschrieb diese Patienten als Menschen von großer geistiger und körperlicher Energie, die von früh bis spät beruflich aktiv seien, verstrickt in geschäftliche, administrative und häusliche Auseinandersetzungen. In neuerer Zeit wurde die Persönlichkeit des Koronar-Patienten als eine Art Symbolfigur der modernen Leistungsgesellschaft dargestellt. Vor der Erkrankung seien die Patienten hoch motiviert, zielstrebig, erfolgsorientiert und unermüdlich hart arbeitend. Sie befänden sich in ständiger Hast, unfähig zu Muße oder gar Müßiggang, suchten ständig Verantwortung, aber auch Konkurrenz und Wettbewerb, indem sie sich immer von neuem als dominant bewähren müßten. Dieses Bild des „Managertyps" hat sich in dieser Vereinfachung aber keineswegs bestätigt. Möglicherweise spielen eher ambivalente Verhaltenstendenzen eine Rolle, wie das angestrengte Bemühen um oft schlecht definierte Ziele, ausgeprägtes Konkurrenzverhalten und übersteigertes Anerkennungsbedürfnis bei oft erhöhter Ängstlichkeit und Nervosität. Die Leistungsmotivation stellt sich dann als Kampf gegen eigene emotionale Bedürfnisse dar, in dem die äußeren Anstrengungen ihr äußeres Ziel letztlich nie erreichen können. Die Persönlichkeit des Koronar-Patienten wurde daher weniger als zielstrebiger „Erfolgstyp" denn als erfolglos bemühter „Sisyphustyp" apostrophiert. Inwieweit solche Angstabwehr- und Persönlichkeitsmerkmale tatsächlich den bekannten biologischen Risikofaktoren der koronaren Herzerkrankung zuzurechnen sind, ist noch immer nicht eindeutig belegt.

Außer Zweifel steht dagegen, daß angstprovozierende und andere psychische Belastungssituationen für Patienten mit manifester koronarer Herzerkrankung besonders dann bedrohlich werden können, wenn Herzrhythmusstörungen bestehen. Die Konfrontation mit spezifischen Belastungsbedingungen wie Familien- oder Arbeitsplatzkonflikten kann dann auch gefährliche ventrikuläre Arrhythmien auslösen.

*Arrhythmiesyndrome und das Modell „Mitralklappen-
prolapssyndrom"*

Unregelmäßigkeiten des Herzschlags und Störungen der Erregungsausbreitung und Erregungsrückbildung am Herzen sind nur dann bedrohlich, wenn sie den geordneten Ablauf der Herzfunktion beeinträchtigen. Solche Erregungsstörungen des Herzens werden zumeist subjektiv registriert und können dann Ursache eines Herzangstsyndroms sein. Umgekehrt kommt aber auch ein Wahrnehmungsverlust selbst schwerwiegender Arrhythmien aufgrund bestimmter Faktoren (z.B. Herznervenschädigung) vor. Gelegentlich werden auch harmlose Arrhythmien, die die Herzfunktion nicht beeinträchtigen und die beim jüngeren Menschen keineswegs selten sind (supraventrikuläre Extrasystolie), als Herzstolpern oder scheinbares Aussetzen eines Herzschlags wahrgenommen und mit starker Angst beantwortet. Sowohl harmlose wie auch tatsächlich bedrohliche Herzarrhythmien können somit zum Ausgangspunkt von Herzangstsyndromen und sekundärem Angstvermeidungsverhalten werden. Im ersten Fall ist diese Befürchtung unrealistisch und unangemessen, hat phobischen Charakter, so daß von Herzphobie gesprochen wird, im zweiten Fall liegt eine realistische Bedrohung vor, die die Herzerkrankung ungünstig beeinflussen kann.

In neuerer Zeit können viele Arrhythmieformen durch *implantierte Herzschrittmacher* kontrolliert und damit auch deren klinische Symptome (Schwindelanfälle, abrupte Stürze usw.) verhindert werden. Die meisten Patienten empfinden den Schrittmacher daher als effektive Hilfe und psychische Stabilisierung. Kritischer ist dagegen die Situation bei den in jüngster Zeit entwickelten implantierbaren Defibrillatoren, mit deren Hilfe Kammerflimmern oder bedrohlich schnelle Herztätigkeit (die einem mechanischen Herzstillstand gleichkommt) durch einen Elektroschock behoben wird. Dabei registriert der Patient den Herzstillstand als Todesdrohung, empfindet aber auch den abrupten „Schlag" der Elektrostimulation als massiven Eingriff und „Rettung in letzter Sekunde". Über die psychische Verarbeitung dieser Form der externen Frequenzmodulation ist noch wenig bekannt.

Als eine Art Schnittstelle zwischen den funktionellen und organischen Herzangstsyndromen und als Modell für die Entwicklung einer Herzphobie wurde verschiedentlich das sog.

Mitralklappenprolaps-Syndrom betrachtet. Dieses Modell schien in der Tat die Verknüpfung abnormer Herzsensationen (Herzschlagunregelmäßigkeiten) mit einer abnormen herzzentrierten Wahrnehmung und den Angstsymptomen samt ihren Angstvermeidungen zu erläutern. Beim Mitralklappenprolaps-Syndrom handelt es sich um eine meist anlagebedingte Variante der Mitralklappe zwischen Vorhof und Kammer des linken Herzens (Abb. 7). Die Ventilfunktion der Mitralklappen ist gestört. Die Mitralklappen können während des Blutauswurfes der linken Herzkammer in den linken Vorhof durchschlagen, so daß der Klappenschluß beeinträchtigt ist. Diese Herzklappenvariante betrifft meist asthenische, manchmal auch vegetativ instabile Menschen und ist mehr oder weniger obligat auch mit Herzschlagunregelmäßigkeiten verknüpft. Auch schwerwiegende Arrhythmien können vorkommen. Gründe dafür sind vermutlich mechanische Irritationen am Herzmuskel und

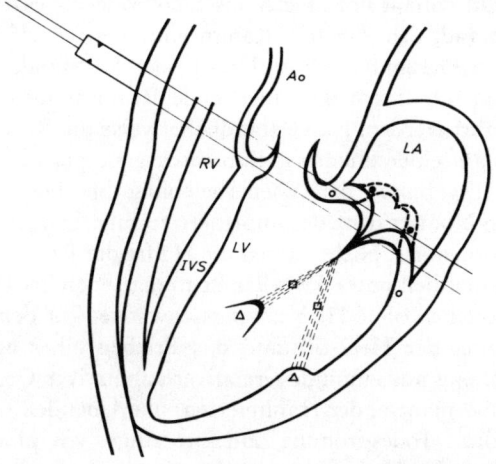

Abb. 7: Schematische Darstellung des normalen und des prolabierten Mitralklappenschlusses (gestrichelt) und dem Ort möglicher Ursachen des Mitralklappenprolaps (Ao: Aorta; LA: linker Vorhof; LV: linke Kammer; RV: rechte Kammer; IVS: Kammerseptum; ●: Klappensegel; ○: Klappenring; □: Sehnenfäden; △: Papillarmuskeln) (aus Strian 1987)

Überlastungen der linken Herzvorkammer bei gestörter Ventilfunktion. Es war daher naheliegend zu vermuten, daß diese Patienten die gehäuften und/oder schwerwiegenderen Arrhythmien auch subjektiv wahrnehmen, ihre Aufmerksamkeit immer mehr auf die Herzaktion konzentrieren und so eine Art übertriebener „Herzbewußtheit" entwickeln. Arrhythmien, Herzfokussierung und ängstliche Erwartung können sich dann zu einem unangemessenen Herzangstsyndrom aufschaukeln; sekundäres Vermeidungsverhalten kann sich anschließen, z.B. durch Meidung körperlicher Belastungssituationen oder durch ängstliche Schonung.

Dieses an sich plausible theoretische Modell konnte der konkreten Überprüfung jedoch nicht standhalten. Die Patienten, die auf der Grundlage von Arrhythmien bei Mitralklappenprolaps eine Herzphobie entwickeln, sind die Ausnahme.

Der *Herzstillstand mit Reanimation* ist als der Extremfall eines Herzangstsyndroms aufgrund arrhythmischer Ereignisse zu werten. Ein Patient mit „mechanischem" oder „elektrischem" Herzstillstand, d.h. bei sog. Kammerflimmern (ineffektiv beschleunigte Herzmuskelkontraktion) oder Stillstand des Herzens, kann nur durch die umgehende Reanimation vor dem Tod bewahrt werden. Da verständlicherweise die Reanimation allenfalls auf einer Intensivstation rasch genug erfolgen kann, sind die Ergebnisse der Wiederbelebung bei Herzstillstand durch den Notarzt trotz des immensen technischen Aufwandes eher deprimierend. Nicht einmal die Hälfte der Patienten überlebt, und deutlich unter 5% aller Reanimationen bei Herzstillstand überleben ohne Hirnleistungsschwäche. Für den Patienten bedeutet der Herzstillstand das Erleben einer absoluten Todesdrohung aus zumindest relativer subjektiver Gesundheit heraus, und manche der reanimierten, überlebenden Patienten können diese Todesdrohung und ihre Angst vor plötzlichem Tod und um den Verlust der Angehörigen auch deutlich vergegenwärtigen. Die Bedeutung des rasch einsetzenden Sauerstoffmangels des Gehirns, der zu Bewußtseinsstörung, Verwirrtheit und Erinnerungsverlust führt, scheint aber einen „gnädigen Schleier" über diese Ereignisse zu legen, so daß beispielsweise die Reanimation gar nicht, nur nebelartig oder allenfalls in Einzelaspekten erinnert wird (vgl. Review-Phänomene, Abschnitt III.6). Bemerkenswerterweise wird dagegen unvermitteltes Kammerflimmern oder überstandener Herzstillstand während einer Herzkatheteruntersuchung als bloße Erinnerungslücke (ähnlich einer Absence) erlebt.

Die Herzphobie

Bei der Herzphobie wird die lebenserhaltende Herzfunktion als bedroht erlebt, der Herzstillstand befürchtet, obschon eine körperliche Herzerkrankung nicht faßbar ist. Die Patienten erleiden Herzangstanfälle, die in ihrem Beschwerdebild den Panikattacken ähneln, aber durch die besondere Herzfokussierung charakterisiert sind. Häufig liegt eine abhängige Persönlichkeitsstruktur zugrunde und sind anderweitige Phobien und Vermeidungsverhalten anzutreffen. Das Krankheitsbild der Herzphobie war ebenfalls schon im vorigen Jahrhundert gut bekannt. Bemerkenswerterweise herrschte in den USA eine eher kardiologische, in Deutschland eine vorwiegend psychiatrische Sicht des Syndroms vor. Die Klassifikation der Herzphobie als Variante der Panikattacken entspricht der früheren Einschätzung der herzphobischen Anfälle als „Kerngruppe der Angstneurosen". Auch die Herzphobie ist eine häufige Erkrankung, deren Epidemiologie aber wegen der Überschneidung mit Panikstörung und Angstneurose unsicher ist. Etwa jeder 3. bis 4. Panikanfall weist auch herzphobische Züge auf.

Ähnlich wie die Panikattacke tritt der herzphobische Anfall akut, ohne erkennbare situative Provokation, auf. Die Herzangst überfällt den Patienten unvermittelt, in unverfänglichen Situationen oder sogar aus Ruhe- oder Entspannungsbedingungen heraus. Die Symptome sind durch Herzbeschwerden und herzzentrierte Angst charakterisiert. Herzklopfen und Herzpochen (Palpitationen), unregelmäßiger Herzschlag mit Extrasystolen, die als Stolpern, Poltern, Rumpeln und Aussetzen erlebt werden, stehen unter den körperlichen Symptomen im Vordergrund. Auch Herzmißempfindungen wie messerstichartige oder neuralgische Schmerzen, Drücken, Brennen und Hitzegefühl an der Herzspitze oder im Bereich der linken Brustseite fehlen selten. Der Patient befürchtet Herzstillstand, Herzinfarkt oder sonstige Herzerkrankungen. Der Vertrauensverlust in die automatische Herzfunktion führt häufig zu übertriebenen Kontrollen wie Pulsfühlen und Pulszählen. Das angestrengte „Sich der Herzfunktion vergewissern" führt zu einem abnormen Herzbewußtsein und verstärkt die damit verbundene Herzangst (Abb. 8). Weitere körperliche Beschwerden entsprechen den vegetativen Symptomen bei der Panikattacke.

Die Patienten leiden häufig auch an anderen Phobien, Depressionen und vielfältigem Vermeidungsverhalten. Manche

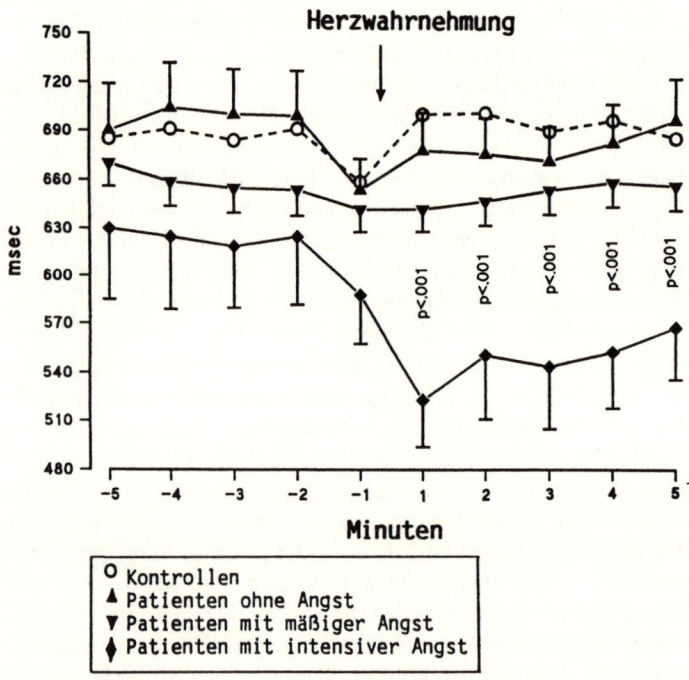

Abb. 8: Herzschlagbeschleunigung und subjektive Angst bei einer Herzangstattacke (R-Zacken-Intervalle des EKG) (aus Pauli et al. 1991)

Patienten versuchen sich der Nähe eines Arztes zu vergewissern. So umkreiste ein Patient mit seinem Auto ständig den Wohnblock des Arztes und eine Patientin wartete in Straßenkleidung am Fenster, beide, um bei einem drohenden Herzanfall den Arzt nur schnell genug erreichen zu können.

Herzphobische Patienten weisen in ihrer Persönlichkeitsstruktur Ähnlichkeiten mit agoraphoben Patienten auf. Das Angst-Vermeidungs-Verhalten der Patienten scheint auch auf die Familienstruktur starken Einfluß zu nehmen. Die Patienten versuchen häufig, ihre Umgebung und die nächsten Angehörigen in ihre krankheitsgeprägte Lebensweise einzuspannen, den Bezugspersonen ihren auf Vermeidung, Schonung und Rückzug bedachten Lebensstil aufzuzwingen. Es wurde daher vom sanatoriumsartigen, phobischen Lebensklima gesprochen, das der Herzphobiker seiner Familie aufzuzwingen sucht. Wenn die Familie diesen Anforderungen des Patienten nachkommt und sich zunehmenden Einschränkungen unterwirft, bedeutet das für den Patienten zwar eine deutliche Symptomentlastung, die aber auf Kosten der Familie erkauft wird und zudem zur sekundären Krankheitsfixierung beiträgt.

Zum Krankheitsverlauf erscheint bemerkenswert, daß im Beginn der Erkrankung nicht selten exzessive körperliche Belastungen stehen, wie körperliche Strapazen, Infektionskrankheiten oder Kaffee- und Nikotinabusus, womit beschleunigter oder unregelmäßiger Herzschlag verbunden ist. Aber auch psychodynamisch bedeutsame Lebensereignisse wie Trennungen und Todesfälle in der Familie können den Krankheitsausbruch markieren. Der langfristige Verlauf herzphobischer Erkrankungen ist durch häufige Rückfälle und hohe Beschwerdepersistenz charakterisiert. Spontanheilungen sind die Ausnahme, mehr als die Hälfte der Patienten bleiben unbehandelt lebenslang mehr oder weniger schwer beeinträchtigt. Auch hier kann aber im höheren Alter mit Beschwerdelinderung gerechnet werden. Ursächlich wird auf die abnorme Kommunikationsstruktur der Patienten mit Anklammerungstendenz an den Partner sowie frühkindliche Verlust- und Trennungssituationen hingewiesen. Die übertriebene Abhängigkeit der Patienten von Partner oder Angehörigen fördert zugleich latente Aggressionswünsche und verstärkt die unbewußte Ambivalenz. Den Ablösungstendenzen stehen unterschiedliche Realisationshemmungen entgegen, die von materieller Abhängigkeit bis zu moralischen Maximen reichen. Das Auftreten der ersten Herzangstattacken scheint sich häufig in einem Klima eines partnerschaftlichen Ambivalenzkonfliktes zu entwickeln. Der Herzphobiker lebt in der angstvollen Erwartung und Vorwegnahme der Trennung, er wünscht und fürchtet sie. Die körperlichen Auslösefaktoren sind jenen bei Panikattacken ähnlich (vgl. Panikattacke und körperliche Angstelemente, Abschnitt II.1).

3. Angst bei Hormon- und Stoffwechselstörungen: Angstsyndrome bei Schilddrüsenüberfunktion und anderen Hormonstörungen, diabetisches Unterzuckerungs-Angstsyndrom

Bei Erkrankungen von Hormonsystemen (z. B. Schilddrüsenüberfunktion) sind ängstliche Unruhe und selbst nachts nicht abklingende vegetative Erregung seit langem bekannt. Auch bei Überfunktion anderer Hormonsysteme, wie z. B. des Nebennierenmarks (Phäochromozytom) und der Nebennierenrinde (Morbus Cushing) kommt es nicht selten zu Angst und ängstlichen Depressionen. Besonders große praktische Bedeutung haben ängstlich-vegetative Warnsymptome bei der diabetischen Hypoglykämie („Unterzuckerung"), die vorwiegend durch die unterzuckerbedingte gegenregulatorische Hormonausschüttung (Glukagon, Cortisol, Katecholamine u. a.) und nur teilweise durch den Blutzuckermangel im Gehirn selbst zustande kommen. Neueste Forschungsergebnisse zeigen außerdem, daß Änderungen verschiedener Hormonsysteme – parallel zu den vegetativen Angstkomponenten – eine für Angstwahrnehmung und Angstreaktion gleichermaßen wichtige Rolle spielen.

Angstsyndrom bei Schilddrüsenüberfunktion

Bei Schilddrüsenüberfunktion (Hyperthyreose) wird der Organismus mit einer abnormen Menge an Schilddrüsenhormon „überschwemmt". Synthese und Blutserumspiegel der Schilddrüsenhormone (Thyroxin, Trijodthyronin) sind überhöht. Ursache sind meist eine funktionelle Autonomie („Schilddrüsen-Knoten") oder veränderte Immunreaktionen mit schilddrüsenstimulierenden Immunglobulinen (TSI). Seltene Ursachen sind Thyreoiditis (Entzündung), Struma maligna (Tumor), zentrale Hyperthyreose mit vermehrter hypophysärer TSH-Produktion und gelegentlich, meist verheimlichte, zu hohe Schilddrüsenhormon-Einnahme. Die früher spekulierte Entstehung der Schilddrüsenüberfunktion durch psychische Faktoren (z. B. chronische Angst) spielt demnach keine bedeutsame Rolle, obwohl, wie man heute weiß, auch Immunreaktionen von psychischen Faktoren beeinflußt werden. Angst spielt daher in erster Linie als Symptom und nicht als Ursache der Schilddrüsenüberfunktion eine wichtige Rolle.

Die ständige ängstliche Erregung, aber auch die anfallsweise Angst bei Hyperthyreose lassen diese als wichtigste Differentialdiagnose von Panikstörung bzw. Angstneurose erscheinen. Ein relativ einfaches klinisches Unterscheidungsmerkmal zwischen beiden Angstformen ist die Nachtabsenkung des beschleunigten Herzschlages bei funktionellen Angstformen und der ständig beschleunigte Herzschlag bei Schilddrüsenüberfunktion, so daß auch im Schlaf kein „Schongang" einsetzt. Bei den Hyperthyreose-Patienten sind angespannte Ruhelosigkeit, oft hektisches Verhalten sowie Konzentrationsstörungen und leichte Ablenkbarkeit auch für die Umgebung auffällig. Die ängstliche Gestimmtheit und Labilität wird in Überempfindlichkeit, Ungeduld und geringer Belastungsfähigkeit sichtbar. Die Patienten scheinen oberflächlich sehr kooperativ, sind aber inkonsequent in der therapeutischen Mitarbeit. Schon bei geringfügigen Belastungen brechen manche Patienten in Tränen aus, leiden unter einem „Hin- und Hergerissensein". Die körperlichen Angstsymptome wie Schwitzen, beschleunigter Herzschlag, Herzpochen, Atemnot, Muskelschwäche usw. – wie sie alle auch bei anderen Angstformen vorkommen – sind besonders massiv ausgeprägt. Gelegentlich können auch phobische Ängste auftauchen. Psychotische Reaktionen, u. U. mit Sinnestäuschungen und Wahnwahrnehmungen, kommen dagegen nur bei der bedrohlichen Überfunktion, der sog. thyreotoxischen Krise, vor.

Die angstauslösenden Mechanismen der Hyperthyreose am zentralen Nervensystem sind noch weitgehend unbekannt. Ein Teil der ängstlichen Erregung und vegetativen Aktivierung scheint durch die Überschwemmung des Organismus mit dem Schilddrüsenhormon, insbesondere dem freien, nicht-eiweißgebundenen Anteil, sowie durch Katecholamine (z. B. Adrenalin) und deren Effekte auf andere Organsysteme und den Stoffwechsel verantwortlich zu sein. Katecholamin-Infusionen beim Gesunden können eine ähnlich ungerichtete Ängstlichkeit hervorrufen.

Angstsyndrom bei Phäochromozytom

Das Phäochromozytom, ein hormonaktiver Tumor des Nebennierenmarkes, ist ein weiteres Beispiel für die neuroendokrine, durch Katecholamine ausgelöste Angst. Als klinische Symptomatik steht allerdings die oft exzessive Blutdruckerhöhung im Vordergrund, die auch zu Hirnfunktionsstörungen (hypertone Enzephalopathie) führen kann. Ähnliche Erscheinungsbilder können durch hormonaktive Tumore am peripheren sympathischen Nervensystem entstehen, da die sog. Grenzstrangganglien und das Nebennierenmark entwicklungsgeschichtliche Homologe sind.

Außer dem Leitsymptom Blutdruckerhöhung und anderen Regulationsstörungen sind Angstsymptome weitgehend obligat und stellen daher eine weitere wichtige Differentialdiagnose zu Panikstörung und Angstneurose dar. Die Angstsymptome bei anfallsweiser Blutdruckerhöhung (Hochdruckkrise) können mit Ausnahme der oft heftigen Kopfschmerzen einer Panikattacke ähneln. Insbesondere kann es bei der Hochdruckkrise zu massiven körperlichen Beschwerden wie Herzklopfen, Atemnot, Schwächegefühl und Zittern, gelegentlich auch zu ernsthaften Komplikationen wie Synkopen, zerebralen Krampfanfällen und Bewußtseinsstörungen kommen. Es ist daher naheliegend, Analogien zwischen dem Frühstadium des Phäochromozytoms und der Panikattacke als Ursache für die häufig stark verzögerte Diagnosestellung zu vermuten.

Angst beim Cushing-Syndrom

Psychische Symptome beim Cushing-Syndrom sind deswegen von besonderem Interesse, weil dabei das für die Streßbewältigung zentrale Hormonsystem der Hypothalamus-Hypophysen-Nebennierenrinden-Achse (HPA-Achse) betroffen ist. Beim Cushing-Syndrom liegt eine mehr oder weniger exzessive Erhöhung des Blutplasmaspiegels von Cortisol (oder der therapeutisch verabreichten Glukocorticoide) vor. Das Krankheitsbild führt zu starken Änderungen von Stoffwechsel, körperlichem Aussehen und subjektivem Befinden. Bei den psychischen Auswirkungen stehen Depressionen oder ängstlich-depressive Zustandsbilder im Vordergrund. (Eine vermutlich zentrale Störung der HPA-Achse, allerdings ohne Cushing-Symptomatik, liegt häufig bei Major Depression vor.)

Die klinischen Angstsymptome beim Cushing-Syndrom sind meist in andere emotionale Beeinträchtigungen wie Affektlabilität, Depressionen oder mißmutig-gereiztes Verhalten eingebettet. Aber auch Panikattacken und Depersonalisations- und Derealisations-Phänomene kommen vor. Ein Patient beschrieb diese als „Wand zwischen mir und der Umwelt, die so unwirklich wie im Nebel erscheint, wie unter einer Glasglocke". Die Ängste beim Cushing-Syndrom werden noch verstärkt durch die oft entstellenden körperlichen Veränderungen und die obligate Sexualstörung, die das Selbstwertgefühl schwer beeinträchtigen und Rückzugsverhalten begünstigen können.

Diabetisches Unterzuckerungs-Angstsyndrom

Zu den neuroendokrinen (hormonbedingten) Angstformen läßt sich die „Unterzuckerungs-Angst" zählen, die im Rahmen der hypoglykämischen Warnsymptome vorkommt. Da diese ängstliche Erregung manchmal nur schwer von anderen nicht-diabetesbezogenen Ängsten zu unterscheiden ist, müssen Diabetiker lernen, solche Warnsignale besonders gut zu unterscheiden. Die hypoglykämischen Angstsymptome sind vorwiegend durch „gegenregulatorische" Hormonausschüttungen und nicht so sehr durch den Zuckermangel im Gehirn selbst bedingt. Wahrnehmungsstörungen der Unterzucker-Warnsymptome treten besonders beim insulinpflichtigen sog. Typ-I-Diabetes jüngerer Menschen auf. Paradoxerweise sind besonders jene Diabetiker durch die oft plötzlichen Unterzuckerungen gefährdet, deren diabetische Stoffwechsellage gut kontrolliert ist, die „scharf eingestellt sind", d. h. die unter entsprechenden Insulingaben normnahe Blutzuckerwerte haben. Die „normnahe Einstellung" des Blutzuckers führt aber auch dazu, daß bei erhöhtem Zuckerbedarf, etwa bei körperlichen Anstrengungen, wegen der beeinträchtigten Regelmechanismen schneller gefährliche Unterzuckerwerte erreicht werden können. Eine schwerwiegende Unterzuckerung kann dann rasch zu schwerem Blutzuckermangel im Gehirn und zu einem hypoglykämischen Koma mit Bewußtlosigkeit führen. Der Patient muß bei einer solchen Unterzuckerung also möglichst rasch Zucker zuführen, um ein Koma zu vermeiden. Zur Erkennung der gefährlichen Situation helfen ihm die hypoglykämischen Warnsymptome (Tab. 3), die meist mit unbestimmter ängstlicher Erregung und vegetativen Beschwerden wie Herzklopfen, Atembeklemmung, Schweißausbruch, Muskelzittern, Unruhe, manchmal auch Zuckermangelsymptomen wie Sehstörungen, Konzentrations- und Merkfähigkeitsstörungen, begleitet sind. Da die meisten dieser Symptome typische körperliche Angstsymptome darstellen, ist es für den Patienten oft nicht einfach, aber ebenso wichtig, sie von nichtdiabetesbezogener Ängstlichkeit zu trennen. Das ist einerseits für Patienten schwierig, die

Adrenerge Symptome ("Gegenregulationssymptome")	Neuroglykopenische Symptome ("Zuckermangelsymptome")
Angst, nächtliche Alpträume	Konzentrationsminderung
Unruhe, Reizbarkeit	Kopfschmerz
Zittern	Müdigkeits- und Schwächegefühl
Schwitzen	Verschwommensehen
Herzklopfen (Palpitationen)	Schläfrigkeit
Mißempfindungen	Zunehmende Bewußtseins-
Derealisationsgefühl	störung und schwere neurologische Störungen

Tab. 3: Adrenerge und neuroglykopenische Symptome bei Unterzucker (vgl. vegetative Symptome bei Panikattacken)

aufgrund ihrer Persönlichkeitsstruktur überbesorgt und ängstlich sind, und andererseits für Patienten, bei denen die Warnsymptome beeinträchtigt sind (was Diabetes-Folge sein kann). Die Unsicherheit der Wahrnehmung der Unterzuckerung wird den Patienten veranlassen, frühzeitig gegen die drohende Bewußtlosigkeit Zucker, Obstsäfte, Süßigkeiten etc. zu sich zu nehmen, was jedoch die Diabetes-Einstellung gefährden kann. Die Hypoglykämie-Angst stellt somit jenen besonderen Fall dar, bei dem subjektive und körperliche Angstsymptome auch therapeutisch hilfreiche und nutzbare Warnsymptome sind. Obwohl die meisten Diabetiker mit der Hypoglykämiekontrolle gut zurechtkommen, stehen für Patienten mit entsprechenden Schwierigkeiten seit jüngster Zeit auch gezielte Therapiemaßnahmen zur Verfügung (hypoglykämisches Wahrnehmungstraining).

Die Hypoglykämieangst ist auch auf theoretischer Ebene ein wichtiges Beispiel für die zahlreichen Bedingungsfaktoren bei der Entstehung von Angst. Die Unterzuckerung stellt eine starke Provokation zur Ausschüttung der sog. Gegenregulationshormone dar, wie z.B. des Insulinantagonisten Glukagon, des Streßhormons Cortisol und der stoffwechselaktiven Katecholamine. Letztere werden mit Hilfe der Regulation sympathischer Nerven aus dem Nebennierenmark ausgeschüttet. Die hormonelle Gegenregulation bei Unterzuckerung und die zugeordnete

Angstreaktion werden also hormonell und nerval vermittelt, und die Hypoglykämie-Angst läßt sich somit als körperinternes Warnsymptom verstehen.

4. Epileptische Angstsyndrome und Angst bei anderen Gehirnstörungen

Die anfallsförmige Angst bei Störungen bestimmter Hirnregionen ist eine herausragende (und aus einer falsch verstandenen psychologischen Sicht) gern verdrängte Bestätigung der zugrundeliegenden neurobiologischen Mechanismen. Die Angst entsteht hier ausschließlich durch eine abnorme Aktivität in bestimmten Erregungskreisen des Gehirns. Jüngste Beobachtungen haben gezeigt, daß zwischen den Angstanfällen aufgrund abnormer Hirnaktivität (epileptische Angstanfälle) und Panikattacken häufig kein bedeutsamer Unterschied in den Anfallssymptomen besteht.

Differenzen ergeben sich eher im Anfallsablauf – der bei epileptischen Angstattacken abrupter als bei Panikanfällen ist (vgl. Abb. 9) – sowie im psychosozialen Hintergrund. Hirnorganische Angstanfälle kommen häufig im Rahmen sog. komplex-fokaler Anfälle mit ausgestalteten Erlebens- und Verhaltensweisen vor (z. B. farbige Bilder und Szenen oder Bewegungsmuster). Zuweilen gewinnen solche Anfallsbilder starke Symbolkraft (z. B. die als Ewigkeit erlebte Zeitdehnung im Anfall). Die Untersuchung der Gehirnaktivität während epileptischer Angstanfälle erlaubt Schlußfolgerungen über die für Angst ausschlaggebenden Hirngebiete und Funktionen. Es ist erwiesen, daß bestimmte Schläfenlappenregionen (mediobasaler Schläfenlappen) bei Angstanfällen eine wichtige Rolle spielen.

Angst ist ein häufiges Symptom epileptischer Anfälle, das jedoch nur bei solchen Anfallsformen zutage tritt oder erinnert wird, die ohne Bewußtlosigkeit ablaufen, also vom Patienten selbst vergegenwärtigt werden können. Generalisierte Krampfanfälle beginnen manchmal mit einer sekundenkurzen Angst-

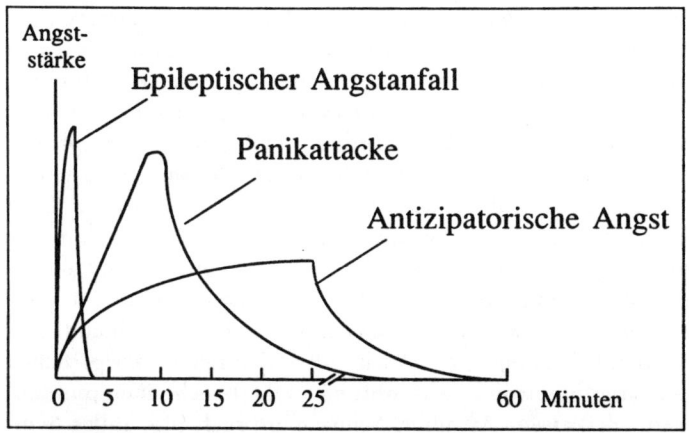

Abb. 9: Schema der Verlaufsform unterschiedlicher Angstattacken (aus Strian 1990)

attacke, einer „Angstaura", die allerdings häufig durch die nachfolgende Bewußtlosigkeit vergessen werden dürfte (ähnlich wie die Bewußtlosigkeit bei einer Hirnerschütterung das Unfallereignis aus der Erinnerung ausblendet). Von den Patienten wird Angst daher ganz überwiegend bei Anfällen ohne Bewußtlosigkeit und ohne Krampferscheinungen berichtet, am häufigsten bei den sog. komplex-fokalen Anfällen. Der ältere Begriff für komplex-fokale Anfälle, nämlich „psychomotorische Anfälle", bringt deren vielgestaltige bild- und szenenartigen Erlebnisse und Bewegungsmuster sehr viel anschaulicher zum Ausdruck. Untrennbar von diesen psychomotorischen Symptomen ist die damit verknüpfte emotionale Befindlichkeit. Diese reicht von den Qualitäten des Bekannten und Vertrauten über Verfremdung und Bedrohlichkeit („Déjà vu", „Jamais vu") bis hin zu exzessiver Angst. Ein angenehmer, freudiger oder gar beglückender Affekt ist dagegen die Ausnahme. Nicht selten hat dieses emotionale Erleben zugleich die Qualität des Außergewöhnlichen, Einmaligen oder Überirdischen, so daß gelegentlich ekstatische Freude, häufiger aber exzessive Angst erlebt wird. Bei manchen Anfällen scheint die Art der Sinnes- oder Traumbilder („Dreamy states") zugleich die Ursache des Angsterlebens zu sein. So können Auren mit Schwindel, räumlichem Orientierungsverlust, dem Gefühl des In-die-Tiefe-Stürzens, fremdartigen Geräuschen oder Zeitraffer- und Zeitdehnungsphänomenen mit starker Angst einhergehen. Bei einem Patienten verdichtete sich die Umwelt zu einem leuchtenden Kristall, in dem er sich selbst eingeschlossen erlebte und nicht zum Leben zurückkehren konnte. Eine andere Patientin sah überlebensgroße, mittelalterlich gekleidete Figuren vor sich, die wie in einer Museumsvitrine dastanden und sie drohend und strafend anblickten. Auch die häufigen körperlichen Mißempfindungen, wie abrupte Oberbauchmißempfindungen, Herzrasen, Atemnot, Schweißausbruch u. a. (alles Symptome, die auch zur Definition der Panikattacke gehören) sind meist so unangenehm, daß sie schon vom Erleben her Angst provozieren können.

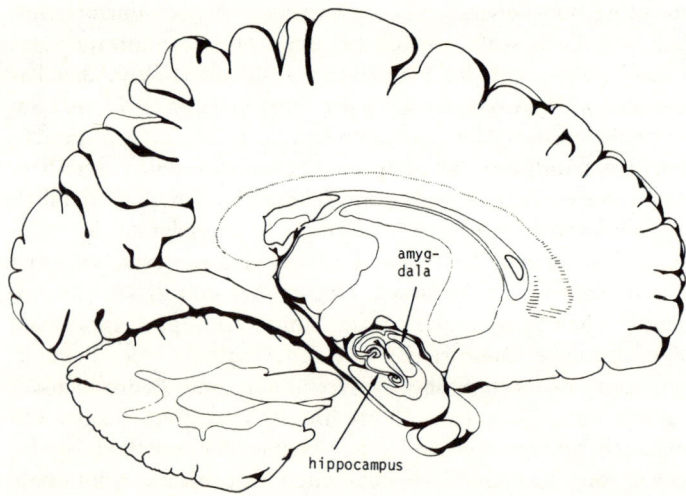

Abb. 10: „Versteckte Lage" der mediobasalen Schläfenlappenstrukturen (Hippokampus und Mandelkern) im Paramedianschnitt des Gehirns (modifiziert nach Nieuwenhuys et al. 1991)

In neuerer Zeit wurde eine Reihe von Methoden entwikkelt, die gewisse Rückschlüsse auf die zur Angstentstehung bedeutsamen Hirnstrukturen bei epileptischen wie auch anderweitigen Angstanfällen erlauben. Wesentlich ist dabei, daß es sich um Beobachtungen beim Menschen handelt und somit nicht vage Analogieschlüsse aus tierexperimentellen Befunden gezogen werden müssen. Ein solcher neurobiologischer Zugang zur Angst ist die Beschreibung der Angstsymptome bei Gehirnprozessen. Obwohl damit nur grobe Annäherungen möglich sind, haben diese Beobachtungen doch gezeigt, daß Angst zwar bei sehr unterschiedlichen Gehirnstörungen (z.B. Tumoren, herdförmigen Verletzungen oder Entzündungen), aber keineswegs bei Prozessen in allen Hirnregionen vorkommen kann, sondern fast ausschließlich bei Lokalisation im tiefgelegenen mediobasalen Schläfenlappen und den zugeordneten „limbischen" Hirnstrukturen auftritt (vgl. Gehirn und Angst, Abschnitt I.4 und Abb. 10). Es sind dies Hirngebiete, von denen heute bekannt ist, daß sie mit der Integration von Wahrnehmungen, mit Gedächtnisvorgängen und mit emotionaler und vegetativ-endokriner Steuerung zu tun haben. Elektrobiologische Vorgänge in diesen an der Gehirnbasis verborgenen Hirnstrukturen können allerdings mit dem üblichen Elektroenzephalogramm, d.h. der Registrierung der Hirnströme über der Schädeloberfläche, nicht erfaßt werden. Diesen Zugang erlauben daher nur Spezialregistrierungen wie die sog. Dipolbestimmungen (Abb. 11) sowie Tiefenelektroden- oder Sondentechniken, die allerdings nur zur Operationsdiagnostik eingesetzt werden können. Tiefenelektroden-Ableitungen haben gezeigt, daß eine abnorme Aktivität in bestimmten Schläfenlappengebieten neben anderen Anfallssymptomen häufig auch zu akuter Angst führt. Abbildung 12 zeigt eine Tiefenelektroden-Ableitung, bei der im rechtsseitigen Mandelkern, d.h. einer Struktur des mediobasalen Schläfenlappens, plötzlich eine Anfallsaktivität auftritt, die mit einer ebenso abrupt einsetzenden Angst verbunden ist. Die Anfallsaktivität breitet sich rasch, wie ein Lauffeuer, über die Nachbarschaftsstrukturen aus. Für den Patienten mündet

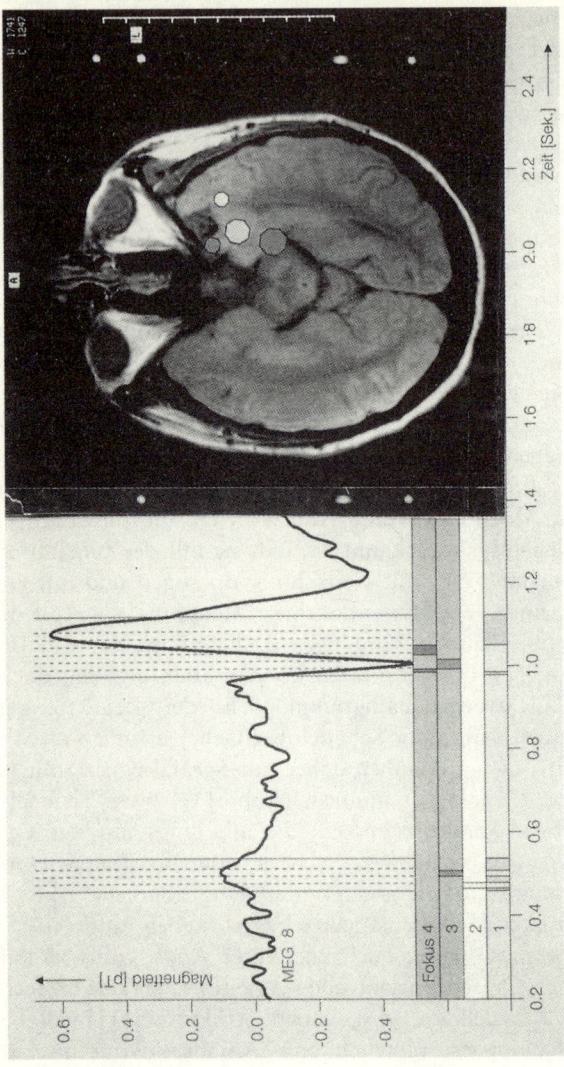

Abb. 11: Dipollokalisationen im Schläfenlappen mit Hilfe des Magneten-zephalogramms, eingezeichnet in eine axiale Ebene des Kernspintomo-gramms (aus Hellstrand 1992)

die Angstaura dann in einen komplexen Partialanfall mit Bewegungsstereotypien im Mund- und Handbereich. Hier wird somit die direkte Beziehung zwischen der Anfallsaktivität einer Hirnstruktur und dem subjektivem Angsterleben sichtbar. Selbstverständlich kann daraus nicht gefolgert werden, daß jeder Angstanfall auf diese Hirnregion zurückzuführen wäre. Bemerkenswerterweise entfalten auch viele Drogen (z. B. Amphetamin, LSD) biochemische Wirkungen gerade an diesen Hirnstrukturen und erklären damit die bei diesen Drogen mehr oder weniger üblichen emotionalen Veränderungen, darunter nicht selten auch Angst oder sogar vernichtende Panik („Horrortrip"). Auch die gleichzeitigen halluzinatorischen Erlebnisse weisen Analogien zu den epileptischen Auren und „Dreamy states" auf. Amphetamin, dessen psychotische Wirkung auch als „Modellschizophrenie" bezeichnet wurde, bewirkt u. a. eine Freisetzung von Noradrenalin in Mandelkern und Nachbarschaftsstrukturen. Kokain führt kurz- und langfristig zum sog. „Kindling" mediobasaler Schläfenlappenstrukturen, d. h. zur Provokation abnormer Erregungen, die wiederum Angstattacken und komplex-fokale Anfälle auslösen können.

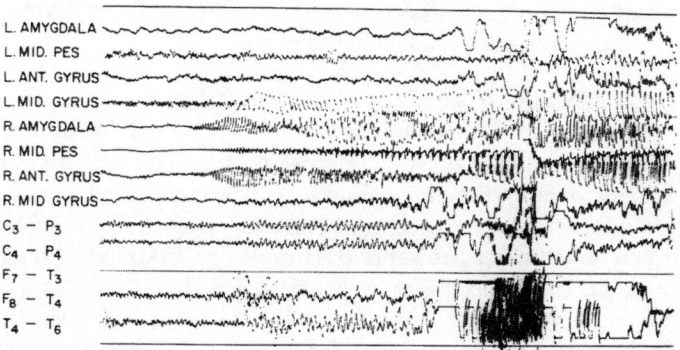

Abb. 12: Registrierung einer Angstaura, beginnend mit Anfallsaktivität im rechten Mandelkern, während einer Tiefenelektrodenableitung (aus Weingarten et al. 1977)

5. Grenzen der Angst: Die posttraumatische Belastungs-krankheit (Posttraumatic stress disorder = PTSD)

Die posttraumatische Belastungskrankheit ist eine schwere, oft chronische Angstkrankheit aufgrund außergewöhnlicher, exzessiver Belastungen. PTSD liegt strenggenommen keine pathologische Angst zugrunde, vielmehr entwickelt sich die Angstkrankheit aus einer zunächst durchaus angemessenen und verständlichen Angst bei einer Überforderung der psychischen und körperlichen Anpassungsmechanismen, insbesondere der zerebralen „Angststrukturen".

Während sich ein besseres psychiatrisches Verständnis dieser schweren psychischen Dauerschäden aus den kollektiven Tragödien wie Holocaust, Hiroshima und Vietnam entwickelt hat, beginnen die seelischen Störungen nach individuellen Schicksalen (sexuelle und andere Gewalttaten, Terrorismus, aber auch Technik- und Naturkatastrophen) erst allmählich ins gesellschaftliche Bewußtsein zu rücken. PTSD ist darüber hinaus die Erkrankung, die in ganz besonderer Weise das Eingebundensein psychiatrischer Störungen einerseits in gesellschaftliche Bedingungen und andererseits in neurobiologische Mechanismen aufzeigt und damit den Einfluß äußerer Ereignisse gewissermaßen bis in die molekularen Gehirnstrukturen hinein belegt.

Psychische Störungen nach schweren Belastungsereignissen waren unter dem Begriff der „Unfallneurose" schon im vorigen Jahrhundert bekannt. Bemerkenswerterweise wurden bereits damals sowohl körperliche Aspekte („mikrostrukturelle Hirnveränderungen") als auch psychische Faktoren („Zusammenbruch psychischer Abwehrmechanismen") diskutiert. Freud formulierte, daß exzessive Außenreize den Reizschild des Ich durchbrochen hätten. Trotz dieser Ansätze setzte sich aber die Auffassung durch, daß Extrembelastungen nur zu vorübergehenden Störungen führen könnten und daß psychische Dauerschäden nur denkbar seien auf dem Boden einer strukturellen Hirnschädigung, einer schon vor dem Trauma gestörten Persön-

lichkeit oder einer zweckbestimmten, vielleicht sogar vorge-
täuschten Reaktion. Die Unfallneurose wurde somit gleichgesetzt mit der sog. Begehrens- oder Rentenneurose, und unter
maßgeblichem Einfluß des Neurologen Karl Bonhoeffer, dem
Vater des Widerstandskämpfers Dietrich Bonhoeffer, wurde
diese Auffassung auch in der Reichsversicherungsordnung von
1926 fixiert. Diese formale Festlegung hatte in der Nachkriegs-
zeit die fatale Konsequenz, daß die sog. Wiedergutmachungsver-
fahren nicht selten an früheren Rechtsauffassungen scheiterten.

Die psychischen Spätschäden bei den Holocaust-Opfern
wurden zunächst mit Krankheitsbegriffen gekennzeichnet, die
sich teils an der Verfolgungssituation (wie KZ- oder Überleben-
den-Syndrom), teils am Beschwerdebild orientierten (wie Ent-
wurzelungsdepression oder chronische progressive Asthenie).
Der jetzige Begriff der posttraumatischen Belastungskrankheit
entstand dagegen aus den Untersuchungen an den Vietnam-
Veteranen in den USA. Mit dem Eingang des Begriffs in das
psychiatrische Diagnosemanual DSM-III wurde zugleich eine
umfassendere Definition für dieses Krankheitsbild getroffen,
so daß nunmehr sowohl kollektive wie individuelle, aber auch
kurzdauernde Extrembelastungen und ihre psychischen Folgeschäden erfaßt werden. Bedauerlicherweise blieben bei dieser
allgemeinen Krankheitscharakterisierung allerdings einige wesentliche Grundzüge unberücksichtigt, wie z. B. das akute und
chronische Krankheitsstadium und reversible und irreversible
Verlaufsformen (Tab. 4).

Die posttraumatische Belastungskrankheit ist nunmehr defi-

Akut: *Produktive Symptomatik* mit den Dimensionen traumatisches
Wiedererinnern und Angst, Panik, Angstvermeidung („Molekulares
Angstgedächtnis/Angstkindling")

Chronisch: *Defizitäre Symptomatik* mit den Dimensionen persistieren-
de Übererregbarkeit und hirnorganisch wirkendes, psychophysisches
Erschöpfungssyndrom („neurotoxische Langzeiteffekte")

Tab. 4: Leitsymptome des akuten und chronischen Verlaufsstadiums von
PTSD

niert einerseits durch die Prämisse einer exzessiven, jede übliche menschliche Erfahrung überschreitende lang- oder kurzdauernde Belastung und andererseits durch die daraus resultierenden psychophysischen Folgeschäden, bei denen im akuten Stadium die unmittelbaren Angstsymptome, im chronischen Verlaufsstadium dagegen die Angstvermeidungen sowie ein Zustand schwerer psychophysischer Erschöpfung und Leistungsunfähigkeit dominieren. Diese Symptome gruppieren sich um das außerordentlich charakteristische, ständige Wiedererinnern und Wiedererleben der massiven Belastungsereignisse im Erkrankungsbeginn.

Ein Überblick über die Ursachen, die der posttraumatischen Belastungskrankheit zugrunde liegen, stellt sich gewissermaßen als Landkarte der Natur- und Technikkatastrophen und der Tragödien von Gewalt, Terror und Krieg in weiten Teilen der Welt dar (Tab. 5). Der Ursachenkatalog ist zugleich ein Spiegel der alltäglichen individuellen und kollektiven Gewalt.

---

1. Individuelle Gewalt
   Gewalt an Kindern, sexueller Mißbrauch, Vergewaltigung, Opfer anderer Gewalttaten, Augenzeugen von Gewaltverbrechen, Entführung

2. Kollektive Gewalt
   2. Weltkrieg, Korea-, Vietnam-, Libanon-, Falkland-, Kambodscha-Kriege, Bürgerkriege, staatlicher Terror, Geiselnahmen, 2. und 3. Generation der Holocaust- und Hiroshima-Opfer

3. Naturkatastrophen
   Erdbeben, Vulkanausbrüche, Dammbrüche, Großbrände, Blitzschlag

4. Technik-Katastrophen
   Verkehrsunfälle, U-Bahn-Brand, Flugzeug- und Helikopter-Unfälle, Schiffsunfälle, Nuklearunfälle, Chemie- und Elektrounfälle

5. Körperliche und psychische Belastungen
   Toxische Effekte, Opiatentzug, Anaphylaxie, Verbrennungen 3. Grades, Myokardinfarkt, schwerste Schmerzzustände, psychotisches Erleben

---

Tab. 5: Beispiele von PTSD-Extrembelastungen (aus Strian u. Ploog 1993)

Allgemein läßt sich sagen, daß diese außergewöhnlichen Belastungssituationen um so schwerwiegendere und längerdauernde Folgen haben, je mehr sie mit aktiver Verfolgung und Terror, Zerstörung von Selbstwertgefühl und Selbstidentität und mit der Bedrohung kommunikativer Strukturen verbunden sind. Gegenüber den schicksalhaften Naturkatastrophen kommt den von Menschen verursachten Belastungen ein meist noch höherer Belastungsgrad zu. Neben den äußeren Katastrophen können aber auch „innere" Extrembelastungen durch schwerste körperliche und psychische Erkrankungen PTSD auslösen. Beispiele sind überlebter Herzstillstand, Subarachnoidalblutung (abrupte arterielle Blutung an der Gehirnbasis), anaphylaktischer (allergischer) Schock, schwerste und ausweglose Behinderungen wie hohe Querschnittssyndrome und Nerv-Muskel-Erkrankungen, die zu Bewegungsunfähigkeit und schließlich zu Schluck- und Atemlähmung führen. Möglicherweise gehören dazu auch die Grenzzustände, mit denen die Ärzte der Intensivstationen nicht selten nach einer nur partiell erfolgreichen, „nicht wiederherstellenden" Reanimation konfrontiert sind.

Der langfristige Verlauf von PTSD scheint durch diametral entgegengesetzte Angstbeschwerden gekennzeichnet zu sein. Im unmittelbaren Zusammenhang mit der Extrembelastung stehen eher „aktive" Symptome wie ängstliche Erregung, Anspannung, Alpträume, Panikanfälle und das mit starker Angst verbundene Wiedererinnern, wogegen im späteren Verlauf „passive" Symptome wie Verlust von Lebensfreude und Initiative vorherrschen. Die Patienten fühlen sich dem Leben nicht mehr zugehörig, sind von resignativer Grundhaltung und unbestimmten Angst- und Schuldgefühlen beherrscht. Sie vermeiden alle Gedanken und Gefühle, die das erlittene Ereignis assoziieren könnten; oft sind sie gleichzeitig unfähig, sich willentlich an die belastenden Ereignisse zu erinnern. Sie entfremden sich sogar von nächsten Angehörigen, sind unfähig, Emotionen zu empfinden und zu äußern, leben aus dem Gefühl einer Zukunft ohne Erwartung und ohne Hoffnung. Es scheint, als ob sich diese Menschen niemals mehr von den durchgemachten Schrecknissen und Ängsten befreien könnten, was auch als „existentielle Angst" und „Präokkupation mit dem Tod" beschrieben wurde (Dewind). Zwischen den Menschen, die ein solches Grauen erlebt haben, und jenen ohne diese Erfahrung scheint oft keine Brücke mehr möglich. Als lebenslange Hypothek stellt sich bei den PTSD-Patienten auch die hohe Persistenz des traumatischen Wiedererinnerns dar. Bei Überlebenden aus Vernichtungslagern wurde in Nachuntersuchungen nach mehr als vier Jahrzehnten eine praktisch unveränderte Präsenz und Lebhaftigkeit der traumatischen Bilder berichtet, obschon andere Beschwerden im Laufe der Jahre besser bewältigt werden konnten. Die meisten Patienten versuchen zudem, ihre Erlebnisse gegenüber ihren Mitmenschen zu verbergen. In bestimmten Situationen allerdings (z. B. Gedenktage, symbolische Geschehnisse) scheint dann auch die Abwehr gegen diese Erinnerungsbilder zusammenzubrechen, und die Ereignisse erweisen sich als unverändert realistisch und erschreckend.

PTSD wird, verständlicherweise, meist aus einer ausschließlich psychologischen Sicht beurteilt. Das Verständnis von PTSD als fundamentalen Verlust von Selbstwertgefühl und Vertrauen in die Mitwelt ist zweifelsohne der entscheidende Zugang zu diesen Patienten, und Schritte zu einer Wiedergewinnung dieses Vertrauens sind die wichtigste Grundlage für alle Behandlungsmaßnahmen. Man muß sich dabei aber auch vergegenwärtigen, daß PTSD nicht irgendeine Form des Schreckens und irgendeine Form der Streßreaktion bedeutet, sondern – wie es auch die DSM-III-Klassifikation definiert – eine tiefgreifende Persönlichkeitsänderung aufgrund außergewöhnlicher Extrembelastungen vorliegt. PTSD überschreitet gewissermaßen die Grenzen der alltäglichen und wohl auch aller anderen klinischen Ängste. Es ist daher keineswegs eine „biologistische" Reduktion, wenn man PTSD zugleich als eine, im Wortsinn, psychophysische Angstkrankheit versteht. Das neurobiologische Verständnis von PTSD kann sich dabei auf die beiden entscheidenden Symptom- und Verlaufsmerkmale stützen, nämlich einerseits auf das neben den Angstsymptomen außerordentlich charakteristische traumatische Wiedererinnern und seine lebenslange Persistenz sowie andererseits auf die augenfälligen und überdauernden Insuffizienz- und Defizienz-symptome. Gerade diese Defizienzsymptome waren für viele Untersucher auch Anlaß, weniger an eine depressive als an eine eigentümliche Form einer hirnorganischen Störung zu denken.

Neueste neurobiologische Erkenntnisse (wie sie teilweise bereits bei den epileptischen Angstanfällen beschrieben werden) scheinen hier ein tieferes Verständnis zu ermöglichen und lassen PTSD nicht nur als eine besonders verschlüsselte psychische Angstantwort erscheinen, sondern als schwere Krankheit, bei der Schrecken und Terror bis in die neuronalen Gehirnstrukturen hineinreichen und ein schwer löschbares „molekulares Angstgedächtnis" bilden.

Aus einer neurobiologischen Perspektive repräsentieren die Leitsymptome von PTSD, nämlich einerseits Angst und Panik und andererseits das traumatische Wiedererinnern, zugleich die Hauptdimensionen der Symptome, die bei Prozessen und Anfällen des mediobasalen Schläfenlappens beobachtet werden (Abb. 13). Bei PTSD treten also aufgrund außergewöhnlicher Erlebnisse (Bedrohungswahrnehmungen) ähnliche bis identische Symptome auf, wie sie auch bei abnormer Aktivität im mediobasalen Schläfenlappen selbst vorkommen. Diese klinische Evidenz läßt wenig Zweifel daran, daß bei PTSD tatsächlich Änderungen, „Festschreibungen", in den für Angst und Gedächtnis bedeutsamen Hirnstrukturen erfolgen. Darüber hinaus liegen in neuester Zeit auch Erkenntnisse über besondere neurobiologische Eigenschaften des mediobasalen Schläfenlappens (der sog. Hippokampus- und Mandelkernstrukturen) vor, die sowohl die Fixierung von Angstsymptomen und traumatischem Wiedererinnern wie auch die sekundären Insuffizienz- und Defizienz-Symptome erläutern können. Diese beiden Charakteristiken lassen sich mit den Begriffen kortikale Konvergenz und neuronale Plastizität umreißen (vgl. Körperliche Angstelemente, Abschnitt I.4).

Mit kortikaler Konvergenz wird der neuroanatomische Sachverhalt beschrieben, daß mediobasale Schläfenlappenstrukturen (Hippokampus und Mandelkern) von den Wahrnehmungs- und Assoziationsfeldern der Hirnrinde vorverarbei-

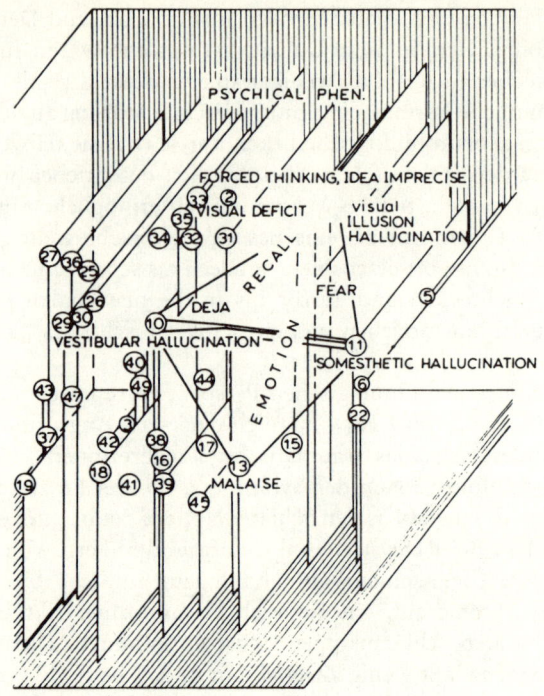

Abb. 13: Hauptachsen Angst („Emotion") und Wiedererinnern („Recollection") der Schläfenlappensymptome bei stereotaktischer Stimulation (aus Wieser 1983)

tete Informationen über den aktuellen Zustand der Außen- und Innenwelt und zugeordnete Informationen aus den Gedächtnisspeichern der Hirnrinde erhalten (Abb. 14). Zudem üben diese Hirngebiete eine Kontrolle über die vegetativen und endokrinen Zentren von Hypothalamus und Hypophyse aus. Die mediobasalen Schläfenlappengebiete stellen daher eine Art Schnittstelle zwischen externer und interner, aktueller und vergangener (biographischer) Information sowie bestimmten aufsteigenden und absteigenden Funktionssystemen dar. In welcher Weise dies geschieht, ist noch Gegenstand der Forschung und anhaltender Diskussion. Wie man heute weiß, sind diese

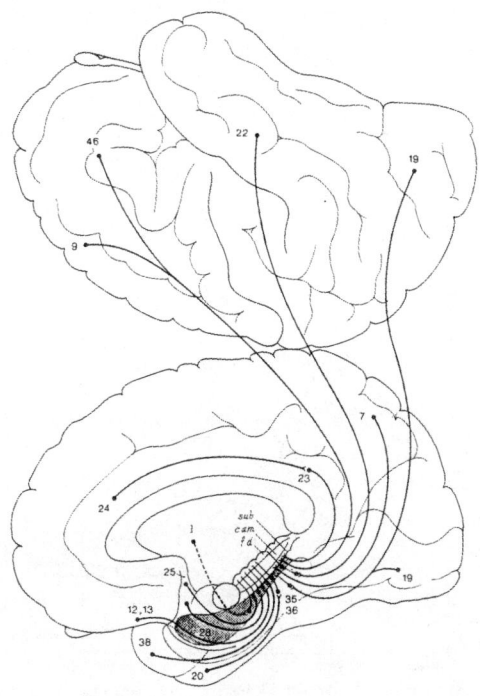

Abb. 14: Direkte und indirekte Verbindungen der Hirnrinde zum Hippokampus (aus Nieuwenhuys et al. 1991)

Strukturen selbst nicht der Ort der Informationsbewertung
(z. B. der Differenzierung zwischen neutralen und bedrohlichen
Informationen), jedoch scheinen von hier fernab gelegene Neu-
ronenpopulationen der Hirnrinde (z. B. über oszillatorische
Vorgänge) beeinflußt zu werden (Abb. 15). Der wesentliche
Punkt der kortikalen Konvergenz für PTSD ist, daß die Synop-
sis aller Ereignisse letztlich die Grundlage für deren emotionale
Bewertung darstellt.

Mit neuronaler Plastizität wird die Fähigkeit von Neuronen-
verbänden zur langfristigen Erregungsverstärkung verstanden,
d. h. bestimmte Reizmuster oder Reizsequenzen führen zur
sog. „long term potentiation" (LTP), die somit bestimmte

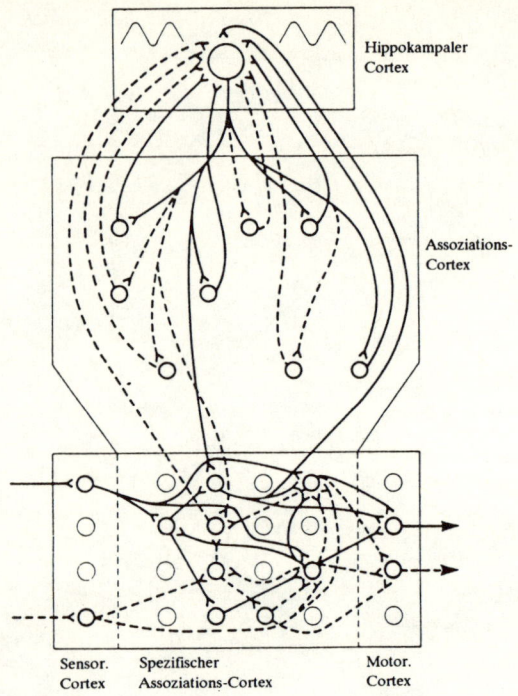

Hippokampaler Cortex

Assoziations-Cortex

Sensor. Cortex Spezifischer Assoziations-Cortex Motor. Cortex

Abb. 15: Beeinflussung von Hirnrindenprozessen durch den „hippokampalen Oszillator" (aus Miller 1991)

Ereignisse hervorhebt und sie gewissermaßen speicherungswürdig macht. Neuronale Plastizität gilt daher als Gedächtnisgrundlage und ist wiederum in den mediobasalen Schläfenlappenstrukturen besonders ausgeprägt.

Die Erregungsverstärkung (LTP) wurde bis vor kurzem vor allem als elektrophysiologischer, synaptischer Mechanismus gesehen, bei dem Neurotransmitter und Neuromodulatoren die ausschlaggebende Rolle spielen. In neuerer Zeit konnte jedoch nachgewiesen werden, daß die Erregungsverstärkung auch über biochemische Mechanismen mit Aktivierung der zellulären Signalkaskade (d. h. Änderung von Transkriptions- und Translationsprozessen) erfolgt. In jüngster Zeit schließlich wurde gezeigt, daß diese synaptischen und zellulären Erregungsverstärkungsmechanismen auch zu morphologischen Änderungen von Membranstrukturen und synaptischen Verbindungen führen können, d. h. daß bestimmte Stimulations- oder Wahrnehmungsprozesse nicht nur zu langfristigen Änderungen der neuronalen Erregbarkeit, sondern auch zu strukturellen Änderungen neuronaler Verbindungen führen (Abb. 16). Im Hinblick auf PTSD läßt sich somit die neuronale Plastizität der mediobasalen Schläfenlappenstrukturen als möglicher Mechanismus für die Entwicklung einer Art „molekularen Angstgedächtnisses" interpretieren. Zur Verdeutlichung sollte in diesem Zusammenhang auf die ganz ähnlichen Signalverstärkungsmechanismen am Hinterhorn des Rückenmarks hingewiesen werden, die auch als „molekulares Schmerzgedächtnis" apostrophiert wurden. Die skizzierten Erregungsverstärkungs-

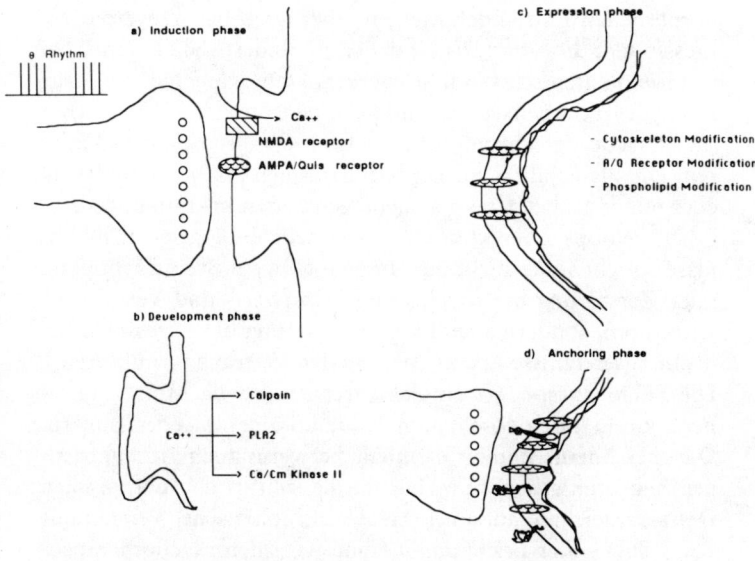

Abb. 16: Integratives biochemisches Modell der „long term potentiation" (LTP) mit elektrophysiologischen, zellulären und strukturellen Änderungen (aus Baudry u. Davis 1991)

mechanismen können aber möglicherweise noch eine weitere PTSD-Charakteristik erläutern, nämlich die langfristigen Insuffizienz- und Defizienzsymptome. LTP beinhaltet auch die Gefahr der Eskalation und Verselbständigung der Erregungsverstärkung, was mit dem Begriff „Kindling" umrissen wird. Kindling stellt gewissermaßen eine entgleiste LTP dar. Kindling ist ein wichtiges Epilepsiemodell. Die Eskalation abnormer Erregungen ist darüber hinaus mit vermehrter Freisetzung erregender Aminosäuren und abnormer Ausschüttung von Streßhormonen verbunden. Zumindest tierexperimentell ist nachgewiesen, daß diese Substanzen auch zelltoxische Effekte entfalten können, und zwar wiederum an jenen Hirnstrukturen, die durch besondere neuronale Plastizität charakterisiert sind. Auf klinischer Ebene werden zelltoxische Effekte durch erregende (exzitatorische) Aminosäuren und abnorme Streßhormonausschüttung, z. B. bei Alkoholkrankheit, Unterzuckerschock, körperlichen Extrembelastungen, aber auch bei schweren Depressionen, diskutiert. Es ist daher zumindest naheliegend, bei einer expliziten schweren Streßerkrankung wie PTSD im langfristigen Krankheitsverlauf ähnliche neurotoxische Wirkungen als Ursache der chronischen Defizienzsymptome zu diskutieren. Die Plausibilität solcher Mechanismen erscheint bei PTSD eher höher als bei den vorstehend genannten Erkrankungen.

Die Synopsis der klinischen und neurobiologischen Ergebnisse spricht somit nicht nur für eine schwere Beeinträchtigung oder Zerstörung der psychischen Selbstwert- und Vertrauensstrukturen, sondern auch für eine Fixierung der exzessiven Bedrohungsereignisse in den „neuronalen Vertrauensstrukturen". Die Folge ist eine Art „molekulares Angstgedächtnis" mit einem kaum noch löschbaren traumatischen Wiedererinnern. Darüber hinaus kommt es möglicherweise auch zu langfristigen neurotoxischen Änderungen, die sich in den chronischen Defizienzzeichen äußern. Das neurobiologische Verständnis von PTSD widerspricht damit keineswegs den psychotherapeutischen Bemühungen, kann aber die damit verbundenen besonderen Schwierigkeiten bei der Löschung des traumatischen Wiedererinnerns erklären. Es legt darüber hinaus nahe, daß im

Erkrankungsbeginn – wenn schon nicht die vom Menschen provozierten Ursachen verhindert werden können – u. U. auch pharmakologische Maßnahmen zur Verhinderung der fatalen Erregungseskalation und der nachfolgenden neurotoxischen Veränderungen sinnvoll sein könnten (obschon derzeit, ähnlich wie bei anderen Angststörungen, noch keine entsprechenden Therapien bekannt sind).

6. Die Angst vor dem Tod und die tödliche Angst

Jede schwere Angst beinhaltet eine Bedrohung des Lebens und ist damit letztlich auch eine Angst vor dem Tod. „Death fear is the epitome of every threatening force in man and nature" (Weisman).

Von der eher unbestimmten, abstrakten Angst vor dem Tod sind die vielfältigen konkreten Ängste vor dem Sterben abzugrenzen, die sowohl im Hinblick auf den eigenen Tod wie auf den Tod nahestehender Menschen die wohl schwerste Belastung darstellen.

Die Ängste einer plötzlichen Todesdrohung beim jungen Menschen und aus voller Gesundheit rufen andere Belastungen hervor als das Sterben im hohen Alter und bei chronischer Krankheit. Verleugnung und Akzeptanz, Widerstand und Ergebung sind dann die Pole der psychischen Auseinandersetzung mit der Unausweichlichkeit des Todes.

Auch die Ängste der Angstkrankheiten beziehen ihre Lebensbedrohlichkeit aus einer realistisch erlebten Todesangst (z. B. die Befürchtung des Herzstillstandes bei Herzphobie). Diese verschlüsselte Todesangst wird als Ausdruck bedrohter Selbstverwirklichung und Kommunikation verstanden („Trennungsangst"), während Thanato- und Taphophobie seltene Phobieformen sind.

Stufen der Angst – Verleugnung und Bewältigung

Dem eigenen Tod steht der Mensch ohnmächtig gegenüber, und im Gegensatz zu allen anderen Ängsten stehen ihm auch keine spontanen Bewältigungsmechanismen zur Verfügung. Es erscheint geradezu als ein Paradox, daß der Tod als äußerste Bedrohung der menschlichen Existenz zwar der Inbegriff von Angst ist, der eigene Tod im Bewußtsein letztlich aber keine vorgegebene Realität ist; der Tod erscheint als eine „abwesende Gegenwärtigkeit". Freud hat den eigenen Tod als unvorstellbar und als einen Vorgang, den wir eigentlich als Zuschauer erleben, beschrieben. „Tod ist ein abstrakter Begriff von negativem Inhalt, für den eine unbewußte Entsprechung nicht zu finden ist." Es erscheint daher fast zwangsläufig, daß in nahezu allen realistischen Todesdrohungen, ganz besonders aber bei der unerwartet plötzlichen Konfrontation, der Todesangst zuerst ein „Nichtwahrhabenkönnen" und Verleugnen entgegengesetzt wird. Die Verleugnung einer Gefahr beseitigt diese zumindest aus dem Bewußtsein und mildert damit unmittelbare Konsequenzen wie das Überwältigtwerden durch die situative Hilflosigkeit. Die meisten Menschen werden daher „an der Schwelle des Todes sehr viel weniger Angst zeigen als vermutlich in einem weniger bedrohten Zustand" (Weisman). Letztlich ist es aber gerade die Unabweislichkeit des drohenden Todes, die auch eine unabweisliche Auseinandersetzung verlangt, die schließlich ein Sichfügen oder Hinnehmen ermöglicht. Während frühere Generationen mehr oder weniger ständig vielfachen Todesdrohungen ausgesetzt waren und der Tod so von unmittelbarer Anschaulichkeit war, begegnet der Mensch der Zivilisationsgesellschaft dem Tod eher zufällig oder distanziert über die Medien, so daß Verleugnungsmechanismen auch das gesellschaftliche Bewußtsein zu bestimmen scheinen. Die weitaus meisten Patienten sterben in Kliniken, die Betreuung durch Angehörige und Hausarzt ist die Ausnahme geworden und begünstigt die Auffassung, den Tod als eine Art unkurierbare Krankheit, als Defizit, als etwas Akzidentelles zu sehen. Auffassungen über den Tod sind aber letztlich Auffassungen über das Leben. Die Ausblendung des Todes aus dem Bewußtsein ändert daher nicht nur das Verständnis des Todes selbst, sondern auch Inhalt und Sinn von Lebensvorstellungen einschließlich der mitmenschlichen Kommunikation.

Sterben an einer chronischen Krankheit bedeutet für den Patienten, sich über lange Zeit hin mit der oft erst allmählich deutlich und unausweichlich werdenden Todesdrohung auseinanderzusetzen. Sterben an einer chronischen Krankheit bedeutet aber zugleich Sterben auf vielen Ebenen und in vielfältigen Beziehungen. „Wir sterben an vielen Dingen, bevor wir an einer Krankheit sterben" (Weisman). Die Krankheit selbst bringt zunehmende Behinderungen, oft schwere Schmerzzustände, Belastungen durch Diagnostik, Behandlung und Bettlägerigkeit mit sich. Die Kontakte zu Angehörigen und Bekannten reduzieren sich oder brechen ab, und auch im Krankenhaus können gerade die unheilbar Kranken in zunehmende Isolierung geraten. Das Angsterleben ist dabei ausgeprägter bei Patienten mit langer Krankheitsvorgeschichte, starken körperlichen Beschwerden und Schmerzen und bei jüngeren Menschen, besonders wenn sie für Kinder zu sorgen haben. Die Angst der Patienten tritt aber häufig nicht offen zutage. Patienten, die über ihren Tod sprechen können, scheinen die Todesangst schon überwunden zu haben. Die Auseinandersetzung mit der Todesdrohung einer letalen Krankheit kann in verschiedenen Stufen und Stadien erfolgen, deren Kenntnis und Berücksichtigung im Umgang mit dem Kranken für Angehörige und medizinische Betreuer wichtig ist. Am Anfang stehen Schock, Verleugnung und Aufschieben („nein, ich nicht!") im Vordergrund. Die meisten Patienten erleben bei der Mitteilung einer bedrohlichen Krebserkrankung einen schweren psychischen Schock, oft als Panikattacke mit Erregung oder Stupor. Verleugnung auf dieser Stufe bezieht sich auf die Verdrängung der Todesdrohung selbst, die Symptome nicht wahrhaben zu wollen, die ärztliche Konsultation zu vermeiden, die Diagnose zwar zu akzeptieren, aber die Behandlung zu verweigern oder sich in magische Vorstellungen zu flüchten, die Krankheit und Tod als unmöglich erscheinen lassen. Im Stadium von Groll und Verbitterung („warum ich?") folgen Zorn, Wut und Aggression. Oft richtet der Patient seine verzweifelte Aggressivität gegen nächste Angehörige oder Ärzte und Pflegepersonal. Im Stadium des Haderns und Feilschens („ja, aber ...“ oder „noch nicht jetzt“) versucht der Patient, die existentielle Bedrohung hinauszuschieben, konsultiert immer neue Ärzte oder „Wunderheiler“ und versucht, sich durch Versprechen gegenüber anderen von der Last des Schicksals freizukaufen. Oft folgt ein Stadium mit Depression, Selbstwertverlust und Vorwegnehmen der Trauer („Weh mir“), in dem der Patient zunehmende Behinderungen und Beschwerden und eine reduzierte Kommunikation in allen Lebensbereichen erlebt. Er beginnt, sich in das Unausweichliche zu fügen, zu resignieren. Viele Patienten weinen, jammern, zeigen stille Trauer und beginnen, sich zurückzuziehen, Abschied zu nehmen. Es wäre abwegig, diese Patienten aufmuntern zu wollen, da sie sich anschicken, Angst und Bitterkeit hinter sich zu lassen. Die Hinnahme des Sterbens („ich bin bereit“) kann schließlich ein wirkliches Akzeptieren des Todes, oft aber ein eher resigniertes Sichfügen in das Unausweichliche bedeuten. Für die meisten, vor allem die jüngeren Patienten, bleibt der Tod indessen letztlich erschreckend und unannehmbar, obschon das bis zuletzt verleugnende und bittere Sterben eher eine Ausnahme ist. Der Sterbende scheint schließlich von allen Verstrickungen befreit und ruhig und friedvoll den Tod zu erwarten. Es ist dieses Bild des Sterbenden, das wir vor Augen haben, wenn wir von einem „würdigen Tod“ sprechen.

Sterben im hohen Alter scheint – ähnlich wie Sterben an chronischer Krankheit – schon viele vorangehende „psychophysische und psychosoziale Tode“ vorwegzunehmen. Die Einschränkungen des hohen Alters weisen viele Charakteristiken einer fatalen Erkrankung auf, und für nicht wenige Menschen ist das Alter mit zunehmender mitmenschlicher Isolierung und, besonders dann, wenn keine eigene berufliche Tätigkeit bestand, auch mit Armut verbunden. Auch die Wertvorstellungen und Lebensauffassungen der nachkommenden Generationen werden oft als unverständlich und wesensfremd empfunden. Umgekehrt bezieht sich die gesellschaftliche Leugnung von Krankheit und Tod häufig auch auf das Alter und seine

Probleme. Das hohe Alter stellt daher oft ein „vorweggenommenes Abschiednehmen" dar, und viele alte Menschen begegnen dem Tod nicht nur mit geringer Ängstlichkeit, sondern wünschen ihn auch. Das Sterben des alten Menschen selbst erfordert aber durchaus ähnliche Bewältigungsschritte wie bei letalen, schwerkranken Patienten.

Die akute Todesdrohung

Bei der plötzlichen, unerwarteten Todesdrohung aus voller Gesundheit heraus könnte es scheinen, daß eine Auseinandersetzung mit der Todesdrohung nicht mehr möglich ist. Die Berichte von Menschen, die eine solche plötzliche, realistische und scheinbar unwiderrufliche Todesdrohung erlebt haben (überstandene Unglücksfälle und Wiederbelebungen), sprechen jedoch dafür, daß sich auch in dieser sekundenkurzen Zeit viele Bewältigungsformen wie beim Sterben an chronischer Krankheit finden. Angst und Verleugnung, Widerstand und Ergebung scheinen hier zuweilen wie in einer Zeitraffung komprimiert. Bei der Wahrnehmung einer Überlebenschance scheint nicht Panik, sondern Aufmerksamkeitsaktivierung vorzuherrschen. Bei der Wahrnehmung einer unausweichlichen Todesdrohung wird dem Tod oft mit großer Ruhe und Gefaßtheit entgegengesehen. Der Tod erscheint auf die körperliche Vernichtung reduziert und vom Bewußtsein abgespalten. Gelegentlich scheint ein „Sich-außer-dem-Körper-Befinden" (out-of-body-experience) und zuweilen auch eine Art komprimierte Lebensübersicht, ein „Panorama- oder Review-Phänomen" aufzutreten. Die auffallende Klarheit und Gleichzeitigkeit einer Vielzahl wesentlicher biographischer Ereignisse wurde auch als „Transzendenz der Zeit" (Jung) oder „noetische Qualität" (James) bezeichnet. Manche Überlebende bezeichnen diesen Zustand als mystisches Erleben, in dem sich das Selbst in völligem Einklang mit der Umwelt befinde.

Beim *Überleben des Herzstillstandes durch Reanimation* sollen solche „transzendierenden Erlebnisformen" besonders häufig vorkommen. Dies erscheint insofern bemerkenswert, als der

Herzstillstand zwangsläufig mit einem mehr oder minder schweren Sauerstoffmangel des Gehirns und damit in jedem Fall mit einer zumindest funktionellen, bei längerer Dauer auch strukturellen Hirnschädigung verbunden ist. Weniger als jeder 20. mit Herzstillstand reanimierte Patient überlebt ohne neuropsychologische Defizite. Für die Out-of-body- und Review-Phänomene könnte somit der zerebrale Sauerstoffmangel bei Herzstillstand, der sich u. a. besonders an den mediobasalen Schläfenlappenstrukturen auswirkt, eine wesentliche Rolle spielen. Auch komplexe Partialanfälle und Dreamy states beinhalten ja nicht selten eine „transzendentale" Komponente (vgl. Epileptische Angstsyndrome, Abschnitt III.4). Wenig wahrscheinlich ist dagegen die Annahme, die Betroffenen würden diese Ereignisse nur lückenhaft erinnern und rückblickend „verklären", da die meisten Überlebenden ihre Erfahrungen eher skeptisch betrachten und kaum darüber sprechen, selbst wenn diese zu einer Änderung ihrer gesamten Lebensweise geführt hatten.

Bei überlebten, entschiedenen *Selbstmordversuchen* sind häufig massive Verleugnung und Flucht vor Angst und Hoffnungslosigkeit und unerträglich gewordener Realität beteiligt und verhindern nicht selten auch eine Distanzierung nach dem Ereignis. Eine verzweifelte Auflehnung gegen die Angst des Sterbens scheint auf düstere Weise auch der *Tod durch Hinrichtung* zu einem bekannten Zeitpunkt zu belegen. Eine psychiatrische Untersuchung in den USA bei zum Tode Verurteilten fand dabei vor der Hinrichtung keineswegs das Angsterleben, sondern vielmehr Abwehr und Verleugnung vorherrschend, wie etwa die Überzeugung einer Begnadigung bis zum letzten Augenblick, die Vorstellung, selbst Opfer und Märtyrer krimineller Akte zu sein, oder zwanghafte Grübeleien über nebensächliche Details des Verbrechens.

Die phobische Todesangst

Das Angsterleben bei den Angstkrankheiten, besonders bei Panikanfällen, beinhaltet stets das Erleben einer akuten Lebensgefahr, wie z. B. der Furcht vor Herzstillstand bei Herzphobie. Aus psychodynamischer Sicht sind diese Ängste Ausdruck abnormer Trennungsangst bei Störungen des Entwicklungs- und Reifungsprozesses. Nach Freud ist diese Angst auf eine intrapsychische Bedrohung zurückzuführen, die dann entsteht, wenn das Ich als integrierende Persönlichkeitsinstanz dem Druck einerseits einer überstrengen rigiden Gewissensinstanz und andererseits destruktiver libidinöser Impulse unterliegt. Entwicklungsschritte, die nicht mit der Integration und Harmonisierung dieser intrapsychischen Instanzen gelöst werden können, stellen somit eine vitale, gewissermaßen tödliche Gefahr für das bedrängte Ich, für Selbstwerterleben und Selbstidentifikation dar, und die daraus resultierenden „neurotischen Ängste" weisen nach dieser Auffassung auf eine zugrunde liegende Todesangst hin.

Die Thanatophobie ist eine unbestimmte Angst vor plötzlichem Tod. Die Patienten fürchten einen Unglücksfall oder nicht mehr aus dem Schlaf aufzuwachen. Solche Befürchtungen kommen häufig bei ängstlichen oder hypochondrischen Personen und in bestimmten Lebensabschnitten, wie etwa der Pubertät, vor. Die Taphophobie, die offenbar erstmals beschrieben wurde, als die naturwissenschaftliche Medizin einen Zustand „zwischen Leben und Tod" möglich machte, ist die Befürchtung, scheintot begraben zu werden. Das Syndrom ist selten und gilt als Verdachtsmoment für das Vorliegen einer schizophrenen Psychose.

IV. Behandlungsmöglichkeiten

1. Allgemeine Behandlungsrichtlinien

Krankhafte Ängste werden mit medikamentösen und/oder psychotherapeutischen Maßnahmen behandelt. Bei den psychotherapeutischen Verfahren ist eine deutliche Verschiebung von den „aufdeckenden" psychoanalytischen Verfahren hin zu den verhaltensmodifizierenden „Lerntechniken" der Verhaltenstherapie eingetreten, wobei zunehmend auch kognitive Strategien (Lernen durch Erkennen und Einsicht) integriert werden. Obschon viele kontrollierte, statistisch abgesicherte Studien zur Wirksamkeit einzelner Behandlungsverfahren, z.B. von angstlösenden Medikamenten und Verhaltenstherapien, vorliegen, gibt es nur wenige Vergleiche zwischen der Wirksamkeit unterschiedlicher Therapieverfahren und kaum therapeutische Langzeitstudien. Insoweit fehlen letztlich auch sichere Entscheidungskriterien, welches Behandlungsverfahren für bestimmte Angstformen und Patienten am geeignetsten ist. Umgekehrt besteht aber ein hinreichender therapeutischer Erahrungsschatz, an dem sich in der Praxis die Auswahl des geeignetsten Therapieverfahrens (oder deren Kombination) bei einem Patienten orientieren kann.

In jedem Fall muß sich die Entscheidung für eine bestimmte Therapieform auf eine genaue Analyse des in Frage stehenden Angstsyndroms stützen, bei der nicht nur klinisches Erscheinungsbild, sondern auch Persönlichkeitsfaktoren, biographischer und psychosozialer Hintergrund sowie verhaltensbezogene Motivationen berücksichtigt werden (Abb. 17). Als Richtlinie kann gelten, daß zur Behandlung von Angstanfällen und Phobien heute in erster Linie medikamentöse und/oder verhaltenstherapeutische Maßnahmen eingesetzt werden sollten, bei Angstformen mit schweren Persönlichkeitsstörungen (insbesondere im Sinne der sog. „Ich-Schwäche") psychoanalytische Verfahren zu empfehlen sind. Die neueren kognitiven Strategien stellen dabei gewissermaßen eine Schnittstelle zwi-

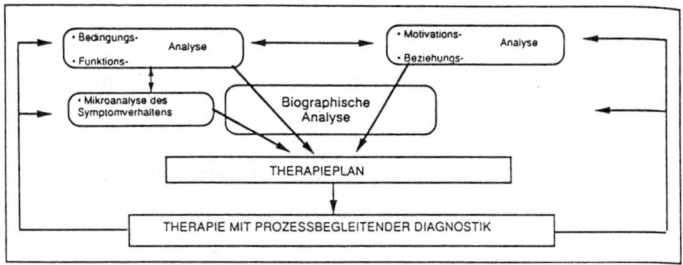

Abb. 17: Verhaltensanalyse als Grundlage der Psycho- und Pharmakotherapie (aus Hand 1993)

schen der Psychoanalyse und Verhaltenstherapie dar. Ein psychodynamisch orientiertes Vorgehen schließt die zusätzliche Anwendung anderer Therapieverfahren heute aber nicht mehr aus. Bei Ängsten mit psychiatrischen oder körperlichen Grunderkrankungen müssen auch alle auf die Grundkrankheit bezogenen medikamentösen und/oder verhaltenstherapeutischen Maßnahmen durchgeführt werden. Ein charakteristisches Beispiel ist die Verhaltenstherapie bei Hypoglykämie-Angst, die gegenüber den Verhaltenstechniken bei primären Angsterkrankungen eigenständige, syndrombezogene Wege einschlagen muß.

Innerhalb der genannten Therapierichtungen sind die Indikationen für ein bestimmtes Verfahren dann durchaus eindeutig zu stellen. Nicht selten bestehen allerdings praktische Therapieeinschränkungen, z.B. wenn kein Verhaltenstherapeut verfügbar ist oder die Wartelisten für bestimmte Psychotherapieverfahren unrealistisch lang sind. Die Entscheidung für eine bestimmte Behandlung muß dann unter Umständen pragmatisch getroffen werden und kann z.B. zunächst eine medikamentöse Behandlung durch den Allgemeinarzt erfordern. Monatelanges Warten auf eine bestimmte Psychotherapie ist nicht nur für den Patienten eine zusätzliche (und manchmal demütigende) Belastung, sondern kann gerade bei Angstpatienten den Grundstein für die charakteristische Angstsensivierung und Angstfixierung legen.

2. Medikamentöse Behandlungen

Es stehen heute eine Reihe von Substanzgruppen (mit jeweils zahlreichen pharmazeutischen Präparaten) zur Verfügung (Tab. 6), die eine Angstlinderung bewirken, aber praktisch immer auch andere, teilweise durchaus hilfreiche, Wirkungen ent-

Substanzgruppen/Präparatebeispiel	Übliche ambulante Tagesdosis (mg)
Benzodiazepine	
Alprazolman (Tafil®)	0,5–5
Diazepam (Valium®)	2–15
Lorazepam (Tavor®)	0,5–6
Oxazepam (Adumbran®)	10–60
Beta-Blocker	
Propranolol (Dociton®)	30–120
MAO-Hemmer	
Moclobemid (Aurorix®)	300–600
Tranylcypromin (Parnate®)	5–20
Neuroleptika	
Chlorprothixen (Truxal®)	30–100
Flupentixol (Fluanxol®)	1–2
Thioridacin (Melleril®)	25–150
Perazin (Taxilan®)	25–100
Fluspirilen (Imap®) 1,5 mg	1 Amp., 7täg., i.m.
Nichtbenzodiazepin-Anxiolytika	
Buspiron (Bespar®)	10–60
Phytoanxiolytika	
Kava-Kava-Extrakt (Antares® 120)	120–240
Selektive Serotonin-Wiederaufnahmehemmer	
Fluoxetin (Fluctin®)	20–60
Fluvoxamin (Fevarin®)	50–200
Paroxetin (Seroxat®)	20–40
Trizyklika	
Amitriptylin (Saroten®)	50–150
Clomipramin (Anafranil®)	50–200
Doxepin (Aponal®)	50–150
Imipramin (Tofranil®)	30–100

Tab. 6: Medikamente zur Behandlung von Angstkrankheiten; Substanzgruppen alphabetisch; u.U. höhere Dosierung möglich (modifiziert nach Angstmanual 1994)

falten. Ein Großteil der angsthemmenden Medikamente wird daher wegen der zusätzlichen Wirkungen ebenso bei anderen psychiatrischen oder internistischen Erkrankungen angewendet, wie z. B. Antidepressiva bei Depressionen oder Beta-Blokker bei Regulationsstörungen des Herzkreislauf-Systems. Auch die Benzodiazepine (oft Tranquilizer genannt) umfassen vielfach in anderen medizinischen Disziplinen benutzte Wirkungen, wie etwa beruhigende, muskelentspannende und anfallshemmende Wirkungen. Einige dieser Benzodiazepine sind durch eine bevorzugte Angsthemmung charakterisiert, wie z. B. Lorazepam und Alprazolam. Der Patient sollte sich also, wenn er eines dieser Medikamente in der Angstindikation erhält, nicht von den anderweitigen Indikationen der Präparateinformation irritieren lassen. Angsthemmende Medikamente können wie jedes andere Medikament unerwünschte Nebenwirkungen haben. Die möglichen Nebenwirkungen erfordern bei jedem Patienten eine klare Entscheidung über die Notwendigkeit der medikamentösen Behandlung. Falsch wäre es aber, die Verordnung eines Medikamentes gewissermaßen aus der Sicht des Gesunden (der sich oft nur schwer oder gar nicht in die Belastungen und Leiden des Patienten versetzen kann) oder aus einer Überschätzung der Nebenwirkungen gegenüber den erwünschten Wirkungen überhaupt abzulehnen. Ein negatives Beispiel dazu ist, daß unheilbaren Krebskranken mit schweren Schmerzen nicht selten Morphin vorenthalten wurde oder noch wird. Der mögliche Mißbrauch der Medikamente bei Gesunden wurde dabei zum Maßstab für Patienten gesetzt, bei denen ein Suchtproblem bei richtiger Anwendung gar nicht auftritt oder zumindest zweitrangig ist. Es gibt heute klare Indikationen und Kontraindikationen für alle Medikamente mit Suchtpotential, die beachtet werden müssen, und wenn dies geschieht, können diese Medikamente für den Patienten auch hilfreich sein.

Angstmindernde Medikamente sind besonders bei den spontanen Angstformen, d. h. Panikstörung und generalisierter Angst, indiziert. Beim erstmaligen Auftreten von *Angstanfällen bzw. Panikattacken* kann eine auf Tage oder allenfalls wenige Wochen begrenzte Behandlung mit einem Benzodiazepin erfolgen. Dabei sollten vor allem Benzodiazepine mit kurzer Wirkungsdauer verwendet werden. Alternativ oder bei Wiederauftreten von Panikattacken (nach Benzodiazepinbehandlung) können Antidepressiva verwendet werden. Solche Medikamente sind beispielsweise Imipramin, Desipramin, Clomipramin, Amitriptylin, Nortriptylin, Maprotylin u. a. Die Auswahl des Medikamentes muß die unterschiedlichen Wirkungen der verschiedenen Präparate (z. B. antriebssteigernde oder antriebshemmende Effekte) sowie mögliche Nebenwirkungen, insbesondere beim älteren Menschen, berücksichtigen. Die Wirkungsbeurteilung antidepressiver Medikamente erfordert auch bei Angst etwas Geduld und sollte nicht vor einer etwa vierwöchigen Behandlungsdauer abschließend beurteilt werden (Abb. 18). Bei Wirksamkeit, also Besserung des Beschwerdebildes, wird die Behandlung dann mit einer Erhaltungsdosis fortgeführt. Bei unzureichender Wirksamkeit stehen als weitere Alternativen die sog. Monoaminoxidasehemmer (MAO-Hemmer) zur Verfügung, die – außer den neuen reversiblen MAO-Hemmern – allerdings gewisse diätetische Vorsichts-

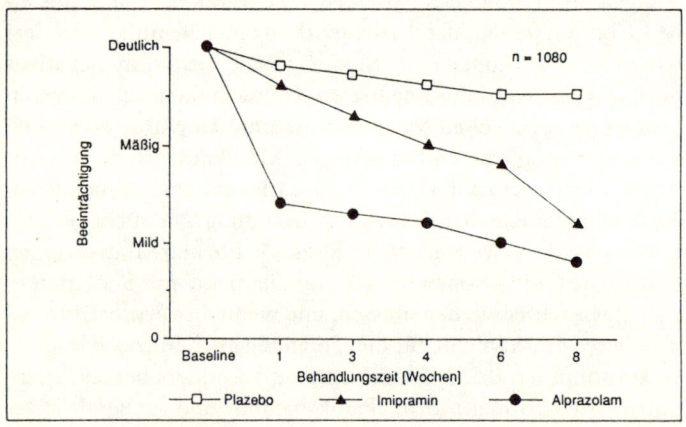

Abb. 18: Unterschiedliche zeitliche Wirkung von Alprazolam, Imipramin und Plazebo bei der Behandlung der Panikstörung (aus Kasper u. Ruhrmann 1993)

114

maßnahmen erfordern und eine Kombination mit einigen anderen Medikamenten verbieten, sowie in neuerer Zeit die sog. selektiven Serotonin-Wiederaufnahme-Hemmer. Eine vorbeugende Langzeitbehandlung mit Antidepressiva in niedrigen Dosierungen hat sich als empfehlenswert erwiesen.

Beim *generalisierten Angstsyndrom* scheinen Antidepressiva, Benzodiazepine, einige Neuroleptika und Buspiron eine vergleichbare Angsthemmung zu entfalten. Auch Benzodiazepine mit längerer Wirkungsdauer, jedoch in eher niedriger Dosierung und für begrenzten Zeitraum, kommen in Frage. Bei den neuroleptischen Medikamenten ist eine Langzeitbehandlung wegen des schwer abschätzbaren Spätdyskinesie-Risikos (Unruhe und spontane Bewegungsabläufe) nicht zu empfehlen, obschon diese Gefahr bei einigen Medikamenten höher (z.B. Fluspirilen), bei anderen eher geringer ist (z.B. Thioridacin). Langzeitbehandlungen bei Angststörungen beschränken sich derzeit daher weitgehend auf Antidepressiva und Buspiron.

Während bei den Spontanängsten pharmakologischen und verhaltenstherapeutischen Behandlungsmethoden etwa gleichrangige Bedeutung zukommt, steht bei den *phobischen Ängsten* die Verhaltenstherapie ganz im Vordergrund. Die pharmakologische Behandlung des agoraphoben Syndroms erfolgt mit serotonerg wirksamen Antidepressiva oder selektiven Serotonin-Wiederaufnahme-Hemmern (wie Fluoxetin, Fluvoxamin und Paroxetin) oder auch MAO-Hemmern. Bei Panikattacken im Rahmen der Agoraphobie gelten die Empfehlungen für Anfallsangst.

Bei einigen *Situationsphobien* (Auftrittsangst von Solisten, Redeangst in der Öffentlichkeit, Examensängste) sind zuweilen Beta-Blocker (z.B. Propranolol) hilfreich. An einer deutschen Universität hatte immerhin jeder zweite Medizinstudent irgendwann einmal beim Examen einen Beta-Blocker eingenommen. Die Beta-Blocker mildern aber allenfalls die situative Angst, indem sie die Wahrnehmung der unangenehmen körperlichen Angstsymptome (Herzklopfen, Schwitzen etc.) abschwächen. Das subjektive Angsterleben, z.B. der Panikattacken, wird durch Beta-Bloker aber nur unzureichend oder gar nicht beeinflußt. Falls Beta-Blocker in einer kritischen Situation eingenommen werden sollen, ist eine vorhergehende Testung mit entsprechender Dosis zu empfehlen, damit etwaige Nebenwirkungen nicht gerade in der Belastungssituation festgestellt werden müssen.

Bei *Zwangssymptomen* werden in neuerer Zeit auch Antidepressiva mit serotonerger Wirkung oder serotonerge Wiederaufnahme-Hemmer sowie ferner MAO-Hemmer empfohlen.

Bei der *posttraumatischen Belastungskrankheit* sind spezifische Behandlungsverfahren teilweise noch nicht entwickelt und die berichteten Behandlungsverfahren in ihrer Wirksamkeit noch nicht hinreichend zu beurteilen. Es scheint, daß medikamentöse Maßnahmen (z. B. Antidepressiva) vor allem im Hinblick auf die emotionalen Beeinträchtigungen hilfreich sind, wogegen verhaltenstherapeutische Verfahren besonders das Rückzugs- und Vermeidungsverhalten vermindern. Die außerordentlich starke Persistenz gerade des traumatischen Wiedererinnerns scheint aber weder durch pharmakologische noch psychotherapeutische Maßnahmen zureichend beeinflußbar zu sein. Ob dabei Medikamente, die die „Angstsensitivierung" vermindern oder hemmen können, sinnvoll sind, wurde bislang nicht geprüft. Die medikamentöse Behandlung anderer Angstzustände (z. B. Ängste bei psychiatrischen und internmedizinischen Erkrankungen) verlangt eine genaue Abstimmung mit den Behandlungsanforderungen der jeweiligen Grunderkrankung sowie mit den Wechselwirkungen der dafür verordneten Medikamente. Die Beachtung solcher Interferenzen stellt an den Arzt besonders bei „Polymorbidität" (Mehrfacherkrankungen) hohe Anforderungen.

3. Verhaltenstherapie und kognitive Strategien

Die Behandlung von Angstzuständen gehört zum „klassischen" Repertoire der Verhaltenstherapie. Heute steht eine Fülle von Verfahren zur Verfügung, die letztlich alle mit Hilfe kontrollierter Angstkonfrontation die Beseitigung oder bessere Bewältigung der krankhaften Angst zum Ziel haben. Das Grundprinzip dieser Konfrontationsverfahren besteht darin, daß sich der Patient der Angst bzw. den angstauslösenden Situationen wiederholt (gewissermaßen vorsätzlich) aussetzt, dabei aber, meist unter Kontrolle des Therapeuten, zuvor erlernte und eingeübte angstmindernde Techniken benutzt. Der Patient trainiert also eine realistischere Einstellung zu Angst und Auslösesituationen. Er lernt die Angst zu beherrschen und schließlich zu verlieren. Der Angstkonfrontation selbst sollte eine strukturierte Informationsphase vorausgehen, in der der gedankliche (kognitive) Hintergrund, wie z.B. „katastrophisierende Vorstellungen", analysiert und bearbeitet und der Therapieplan selbst genau erläutert werden. Die Durchführung der Behandlung kann sich dabei auf strukturierte Therapiemanuale stützen.

Die Indikation für die Verhaltenstherapie einer Angststörung sollte auf der Grundlage individueller Verhaltens-, Bedingungs- und Funktionsanalysen erfolgen (vgl. Abb. 17). Die Verhaltensanalyse ist besonders dann wichtig, wenn die Angststörung mit anderen psychischen Beeinträchtigungen wie Depression und Medikamentenabhängigkeit verbunden ist, die einer eigenen Behandlungsstrategie bedürfen. Für alle Angstprovokationsmethoden scheint die tatsächliche, reale und alltagsnahe Konfrontation unerläßlich zu sein; insbesondere bei Panikstörung und Agoraphobie hat sich die Verwendung bloßer Bedrohungsvorstellungen als unzureichend erwiesen.

Eine Übersicht zu den Grundformen der Angstkonfrontation gibt Tabelle 7. Das Raster für diese unterschiedlichen Therapieverfahren läßt sich vereinfacht durch zeitliche Dynamik und

Art der Konfrontation mit der Angstsituation	In der Vorstellung	In der Realität
Graduell (allmählich)	Desensibilisierung (Annähern)	Habituierung (Gewöhnen)
Massiert (plötzlich)	Implosion (Verlöschen)	Flooding (Überfluten)

Tab. 7: Schema der Konfrontationsmethoden der Verhaltenstherapie bei Angststörungen (aus Caspar 1989)

Realitätsgrad der Konfrontation bestimmen. Vielfach werden auch Kombinationsverfahren verwendet, so daß sich die Patienten einer bedrohlichen Situation zunächst in der Vorstellung, dann in der Realität aussetzen. Von gleicher oder noch größerer Bedeutung als die Art des Therapieverfahrens selbst sind standardisierte Vorgabetechnik, konsequente Therapieplanung (zumeist komprimierte mehrstündige Behandlungsabschnitte) und die genannte Informations- und Instruktionsphase.

Die nachfolgenden Behandlungsverfahren entsprechen dem Raster in Tabelle 7 und werden von den Angsttherapeuten in unterschiedlichen Indikationen eingesetzt. Massierte Konfrontation (Flooding) wird vorwiegend bei der Panikstörung, graduierte Konfrontation (Desensibilisierung) bei einfachen Phobien verwendet.

- Bei *Implosion* wird die Angstsituation – zumeist noch verstärkt – nur in der Vorstellung dargeboten;
- bei *Flooding* wird die Angstsituation unmittelbar, gewissermaßen ohne jede Filterung, aufgesucht;
- bei *Reizüberflutung* wird die Angstsituation kombiniert, zunächst in der Vorstellung, dann in der Realität, erzeugt;
- beim *Habituationstraining* wird die realistische Angstsituation in einer abgestuften Annäherungshierarchie vorgegeben;
- bei systematischer *Desensibilisierung* werden die Angstsituationen in hierarchischer Rangfolge zunächst nur bildhaft vorgestellt, dann real vom schwächsten bis zum stärksten Angstreiz gesteigert;
- beim *Angstbewältigungstraining* soll der Patient Angst und Spannungsgefühle frühzeitig wahrnehmen und beim Auftreten von Angst zuvor erlernte Entspannungsübungen wie Atemtechniken und muskuläre Entspannung einsetzen.

Unterschiede der beiden wesentlichsten Expositionsverfahren, nämlich einerseits *Angst-Meidungs- oder Desensibilisierungsverfahren* und andererseits *Angst-Management- oder Flooding-Verfahren*, sind in Tabelle 8 aufgeführt. Diese Standardverfahren wurden durch zahlreiche Varianten und Zusatzmethoden

Angst-Meidungs-Training (Desensibilisierungs-Modell)	Angst-Management-Training (Flooding-Modell)
Konfrontation sehr gestuft (Prinzip „der kleinen Schritte"),	Konfrontation rasch und intensiv (Prinzip „wer wagt gewinnt"),
Meidung von Angst/Panik,	Induktion von Angst/Panik,
Entspannungstraining zur Meidung der Angst,	Managementtraining von induzierter Angst/Panik führt indirekt zur Entspannung,
Antidepressiva, Anxiolytika oder β-Blocker können Beginn von Selbsthilfeübungen erleichtern,	Anxiolytika behindern Therapieprozeß; Antidepressiva gelegentlich anfangs hilfreich, meist verzichtbar, mitunter hinderlich,
Durchführung in der Regel in angeleiteter Selbsthilfe.	Durchführung in der Regel therapeutengeleitet (bevorzugt in Gruppen).

Tab. 8: Unterschiede der Expositionsverfahren bei Verhaltenstherapie von Angststörungen (aus Hand 1993)

erweitert. Dabei spielt vor allem die erwähnte Einbeziehung „kognitiver" Strategien eine wichtige Rolle.

Bei der *systematischen Desensibilisierung* (Angstmeidung) wird zunächst eine Angst-Hierarchie erstellt, in der die angstauslösenden Situationen nach der Stärke der Angstprovokation angeordnet werden. Parallel dazu erlernt der Patient ein Muskelentspannungstraining. Letzteres spielt bei allen verhaltenstherapeutischen Verfahren insoweit eine besondere Rolle, als Entspannung und Angst gewissermaßen nicht vereinbar sind, die Entspannung also Angst verhindert. Bei der Desensibilisierung werden dann die Angstsituationen („Items") in der zuvor ermittelten Rangfolge vorgegeben. Die Konfrontation wird jedoch bei der ersten Angstauslösung abgebrochen und durch Muskelentspannung und „angenehme" Vorstellungen ersetzt. Bei Panikstörung oder Agoraphobie mit Panikattacken werden kontrollierte Atemübungen eingesetzt, um z.B. einem Hyperventilationssyndrom vorzubeugen. Dies wird so lange fortgeführt, bis sich der Patient auch der belastendsten Bedingung angstfrei aussetzen kann. Jede Exposition kann in der Vorstellung („in sensu") oder real („in vivo") durchgeführt werden.

Beim *Reizüberflutungsverfahren* (Angstmanagement, Flooding) werden die befürchteten Situationen ohne jede Abschwächung („Graduierung"), gewissermaßen in voller Intensität oder sogar noch künstlich verstärkt, dargeboten (und nicht mit gradueller Annäherung wie bei der Desensibilisierung). Die Reizüberflutung verhindert das Auftreten von Vermeidungsverhalten. Der Patient erfährt gleichzeitig, daß tatsächlich nichts Gefährliches eintritt, wodurch sich wiederum die Angst verringert. Reizüberflutung kann ebenfalls in der Vorstellung oder in der Realität erfolgen. Bei der Reizüberflutung in vivo werden angstprovozierende Situationen aus möglichst vielen Lebensbereichen ermittelt, um sie für die Therapie zu nutzen. Die situative Exposition wird im allgemeinen erst dann abgebrochen, wenn die Angst deutlich abgesunken ist – was häufig nach 15 bis 20 Minuten erwartet werden kann. Der Patient wird dann unmittelbar mit der nächsten Situation konfrontiert, so daß das Training von Situation zu Situation fortschreitet und viele Stunden dauern kann. Die Konfrontation kann einen erheblichen Aufwand bedeuten, wenn z.B. bei Patienten mit klaustrophoben oder agoraphoben Ängsten Bahn- oder Flugreisen über größere Distanzen, Fahrten mit der U-Bahn, ein Besuch von Kaufhäusern, fremden Städten u.a. eingeplant wird. Umgekehrt kann die Gesamtbehandlung aber unter Umständen nur wenige Tage in Anspruch nehmen.

Das *Habituationstraining* ist eine Variante des Desensibilisierungsverfahrens, bei dem die graduelle Annäherung an die Hierarchie der realistischen Angstsituationen stets mit gleichzeitiger Bearbeitung der gesamten Rangfolge der Ängste in einer Sitzung erfolgt. Das Habituationstraining kann auch in Gruppen durchgeführt werden.

Modellernen stellt eine weitere, eher selten und meist in Gruppen durchgeführte Variante der systematischen Desensibilisierung dar, bei der das Training sozialer Kompetenz eine wichtige Rolle spielt. Bei diesem Verfahren beobachtet der Patient das Verhalten des Therapeuten oder (anhand von Film oder Video) einer anderen „Modellperson" in den von ihm befürchteten Situationen. Diese Therapiesituation erlaubt sowohl Modellernen als auch eine Auseinandersetzung mit den Bewältigungsstrategien der Modellperson.

Methoden der *kognitiven Umstrukturierung* ergänzen in neuerer Zeit die Desensibilisierungs- und Reizüberflutungsverfahren, so daß auch die mit den Ängsten verbundenen Gedanken, Vorstellungen und Erwartungen bearbeitet werden können. Ziel ist dabei vor allem, ungeeignete Einschätzungen von Bedrohungssituationen durch realistische Vorstellungen zu ersetzen. Dieses Vorgehen beinhaltet u. a. die Erläuterung der angstprovozierenden Vorstellungen und Reaktionen, die Analyse unangemessener Schlußfolgerungen, die Suche nach alternativen Denkmodellen, ein „Entkatastrophisieren" und „Von-sich-selbst-Abrücken". Als Teil der kognitiven Umstrukturierung läßt sich auch das Selbstinstruktionstraining verstehen, das sich vor allem auf handlungsbezogene Gedanken und Bewertungen bezieht, die für die Angstbewältigung wichtig sind. Schließlich sollte jede Angsttherapie auch das soziale Umfeld einbeziehen. Dazu eignen sich besonders Übungsverfahren zur Verbesserung der „sozialen Kompetenz".

4. Psychodynamisch orientierte Verfahren

Psychoanalytische Verfahren sind alle analytisch orientierten, „aufdeckenden" oder „umstrukturierenden" Psychotherapien. Die mit der Behandlung angestrebten Änderungen der Persönlichkeitsstruktur zielen daher neben der unmittelbaren Symptomerleichterung vor allem auf die Neuorganisation von Einstellungen und Verhaltensweisen des Patienten, die ihn selbst und seine mitmenschlichen Beziehungen behindern. Die Umstrukturierung erfolgt mit Hilfe des Therapeuten, der gewissermaßen als Katalysator der schrittweisen Nachreifung des Patienten wirksam ist. Das Behandlungsziel ist somit nur in geringem Umfang oder gar nicht auf bestimmte Symptome, sondern auf die psychische Struktur des Patienten gerichtet. Bekanntlich haben sich aus der Freudschen Psychoanalyse zahlreiche

Schulen entwickelt. Als moderne Varianten, die teilweise einen stärkeren Pragmatismus verfolgen, sind vor allem die psychoanalytische Kurz- und Fokaltherapie und andere modifizierte psychoanalytische Verfahren zu erwähnen. Entwicklung und Reifung des Ich bzw. die Ich-Schwäche sind dabei für Form und Prognose aller Therapiemaßnahmen ausschlaggebend. Angst wird als eine der wesentlichsten Grundreaktionen des Ich verstanden, so daß durch die Psychotherapie der Angststörung zugleich eine Ich-Stärkung und damit auch eine bessere Fähigkeit, Angst ertragen und bewältigen zu können, erreicht werden soll. Im analytisch geführten Gespräch werden frühere psychophysische Verletzungen ("Traumen") und aktuelle Konflikte aufgedeckt, die als eigentliche Ursache der Angst ("Angstsignale") zur aktuellen Symptomatik geführt haben und die zugleich auch die Ursache für die verschiedenen Formen des Widerstandes sind ("Angstvermeidungen"). Ein wesentlicher Teil der Therapie besteht somit in der Bearbeitung der Widerstände. Auf dieser Ebene ergeben sich auch viele Analogien zu Vorstellungen der kognitiven Therapie, bei der sich z.B. das Modellernen am Therapeuten ebenfalls als Nachreifung verstehen läßt.

Aus psychoanalytischer Sicht weisen die Angstsymptome eines Patienten eine enge Beziehung zu seiner Ich-Struktur auf. Bei einer ausgeprägten allgemeinen Ich-Schwäche werden die Ängste unmittelbar, spontan, diffus und körpernah auftreten, bei im Vordergrund stehenden Abwehrmechanismen werden die bedrohlichen Triebimpulse dagegen aus dem Bewußtsein ausgeschlossen, so daß einerseits Angstvermeidungen, wie z.B. Objekt- und Situationsvermeidungen und phobische Angstformen, und anderseits Zwangssymptome, wie z.B. ritualisierte Ersatzhandlungen, vorkommen. Bei Phobien scheint dabei weniger das befürchtete Objekt oder die befürchtete Situation als solche charakteristisch; vielmehr ist es die Verlagerung der Gefahrenquelle nach außen. Nicht die Bedrohungssituation selbst, sondern die damit verknüpften unbewußten Phantasien stellen die eigentliche Angstquelle dar. Zuweilen wird die Ich-Schwäche von Angstpatienten vom Partner, der die Rolle eines

„Hilfs-Ich" übernimmt, kompensiert. Besonders angstneurotische Patienten erscheinen daher oft überraschend erfolgreich in der Herstellung eines sozialen Arrangements, das ihnen eine solche Außensteuerung erlaubt.

Auch die Durchführung einer psychodynamisch orientierten Behandlung erfordert, sich zunächst über die zugrundeliegende Angstform und das Ausmaß der allgemeinen Ich-Schwäche klarzuwerden. Bei Ich-strukturell schwer gestörten Patienten kann das übliche Vorgehen zu bedrohlichen Rückzugstendenzen und schweren psychischen Einbrüchen führen. Gerade bei diesen Patienten muß dann die Stärkung und Nachreifung der Persönlichkeit ganz im Vordergrund stehen. Ziel der Behandlung von Angstneurosen bzw. der Panikstörung und des generalisierten Angstsyndroms ist daher nicht so sehr das rasche Aufdecken von Konflikten und zugeordneter Triebstrukturen im Sinne der klassischen Widerstandsanalyse, sondern die Verbesserung von Angstbewältigungsfähigkeiten und „Nachreifung" von Defiziten früherer Entwicklungsabschnitte.

5. Stützende Maßnahmen, Selbsthilfen

Nicht jede Angst bedarf einer spezifischen medikamentösen und/oder psychotherapeutischen Behandlung. Bei leichten Ängsten und als Ergänzung der spezifischen Behandlung bei schweren Angstformen können stützende Maßnahmen hilfreich sein. Das Besprechen von Problemsituationen mit vertrauten Personen, aber auch das (hörbare, halblaute) Selbstgespräch verhindern ein „Verstummen" und ermöglichen Klage, Anklage und manchmal Erleichterung. Auch körperliche Aktivität kann zum Abreagieren und Beruhigen beitragen und das körperliche Befinden bessern. Der Nutzen körperlicher Bewegung liegt dabei oft weniger in der Besserung der körperlichen Störung selbst (z. B. optimiert Sport beim Diabetiker nur beschränkt die Stoffwechsellage) als in der Besserung des subjektiven Befindens und eines angemessenen Gesundheitsverhaltens. Körperliche Aktivierung (Gymnastik, Bewegungstherapie, Schwimmen, Wandern, Radfahren u. a.), Sonnen- und

Tageslicht (vgl. „Winterdepression") haben daher in gewissem Umfang auch einen vorbeugenden Effekt auf ängstlich-depressive Gestimmtheit. Da sich Angst und Muskelentspannung gegenseitig weitgehend ausschließen, sind auch viele Formen des Entspannungstrainings (autogenes Training, Yoga, progressive Muskelentspannung u.a.) empfehlenswert. Den für Angst charakteristischen psychovegetativen und neuromuskulären Symptomen kann auch mit physikalischen Behandlungsmaßnahmen begegnet werden (allerdings können die peripheren Maßnahmen alleine, ähnlich den Beta-Blockern, die zentral ausgelöste Angst nicht beseitigen). In jüngster Zeit scheint sich auch eine angstmindernde Wirkung pflanzlicher Medikamente (z.B. Kava-Kava) zu bestätigen. Gegenüber dem nahezu unerschöpflichen Angebot sonstiger Heilmaßnahmen sollte sich der Patient vergegenwärtigen, daß gerade bei Angst ein „blindes Vertrauen" (was viele dieser Verfahren verlangen) am allerwenigsten angemessen ist. Er sollte daher gegenüber solchen Angeboten zumindest nicht weniger skeptisch sein als gegenüber den wissenschaftlich überprüften Heilverfahren.

Literaturhinweise

Berücksichtigt wurden neueste Monographien (ab 1990), nur ausnahmsweise Übersichtsarbeiten und ältere Werke. Eine ausführliche Bibliographie findet sich in den beiden eingangs erwähnten Handbüchern. (* = Abbildungsnachweise)

I. Zum Verständnis normaler und krankhafter Angst (Handbücher)

Roth M., Noyes R., Burrows G.D. (1988–1994): *Handbook of Anxiety*, Vol. I-VI. Elsevier, Amsterdam New York

Strian F. (1983): *Angst – Grundlagen und Klinik. Ein Handbuch zur Psychiatrie und Medizinischen Psychologie*. Springer, Heidelberg New York Tokyo

1.1/1.2 Wann ist ärztliche Hilfe notwendig?

Holsboer F., Philip M. (1993): *Angststörungen – Pathogenese, Diagnostik, Therapie*. SM-Verlag, Gräfelfing

McGlynn T.J., Metcalf H.L. (1993): *Diagnostik und Therapie von Angststörungen*. Upjohn, Heppenheim

Klein H.E., Hippius H. (1983): *Angst, Diagnostik und Therapie: Leitfaden für die tägliche Praxis*. Adam Pharma Verlag, Essen

Strian F. (1984): *Differentialdiagnose klinischer Angstsyndrome*. MMW 126:1001–1003*

1.3 Psychische Angstelemente: Angst in der Lebens- und Lerngeschichte

Soerensen M. (1992): *Einführung in die Angstpsychologie*. Deutscher Studien-Verlag, Weinheim

Eysenck M.W. (1992): *Anxiety – The Cognitive Perspective*. Lawrence Erlbaum, Hillsdale, N.J.

Flöttmann H.B. (1990): *Angst: Ursprung und Überwindung*. Kohlhammer, Stuttgart

1.4 Körperliche Angstelemente – Gehirn und Angst

Hoehn-Saric R., McLeod D.R. (1993): *Biology of Anxiety Disorders*. American Psychiatric Press, Washington, D.C.

Goddard A.W., Charney D.S. (1993): *Panic disorder, psychobiology*. In: Smith B., Adelman G. (eds.): *Neuroscience year: Suppl. 3 to the Encyclopedia of Neuroscience*. Birkhäuser, Boston

Strian F., Ploog D. (1988): *Anxiety related to central nervous system dysfunction*. In: Noyes R., Jr., Roth M., Burrows G.D. (eds.): Handbook of Anxiety, Vol. 2: Classification, Etiological Factors and Associated Disturbances, 431–475

Strian F. (1988): *Zur Neuropsychophysiologie der Angst*. In: Hippius H., Ackenheil M., Engel R.R. (Hrsg.): *Angst – Leitsymptom psychiatrischer Erkrankungen*. Springer, Berlin Heidelberg New York Tokyo, 3-11*

Creutzfeldt O.D. (1983): *Cortex cerebri. Leistung, strukturelle und funktionelle Organisation der Hirnrinde*. Springer, Berlin Heidelberg New York Tokyo*

1.5 Neurochemische und neuroendokrine Befunde bei Angst

Owens M.J., Nemeroff C.B. (1993): *The role of corticotropin-releasing factor in the pathophysiology of affective and anxiety disorders: laboratory and clinical studies*. Ciba Found. Symp. 172:296–308

Nutt D., Lawson C. (1992): *Panic attacks: a neurochemical overview of models and mechanisms*. Br. J. Psychiatry 160:165–178

Holsboer F. (1989): *Depression*. In: Hesch R.D. (Hrsg.): *Endokrinologie*, Teil B. Urban & Schwarzenberg, München Wien Baltimore, 1233–1242*

1.6 Bewußtseinsebenen von Angst

Christianson S.A. (1992): *Handbook of Emotion and Memory: Research and Theory*. Lawrence Erlbaum Associates, Hillsdale New Jersey

von Stietencron H. (1991): *Angst und Religion*. Patmos-Verlag, Düsseldorf

Morelli E.A. (1985): Anxiety. *A Study of the affectivity of moral consciousness*. Lanham, New York London

May R. (1977): *The meaning of anxiety*. Norton, New York

II. Angstkrankheiten und behindernde Ängste (Primärängste)

Wolman B.B., Stricker G. (1994): *Anxiety and Related Disorders: a Handbook*. Wiley, Chichester New York

Marks I. (1993): *Ängste – Verstehen und bewältigen*. Springer, Berlin

Edelmann R.J. (1992): *Anxiety: Theory, Research, and Intervention in Clinical and Health Psychology*. Wiley, Chichester New York

2.1 Spontane Angst: Panikattacke, Panikstörung, generalisiertes Angstsyndrom („Die Angstneurose")

Klerman G.L. et al. (1993): *Panic Anxiety and its Treatments. A Publication of the World Psychiatric Association*. Psychiatry, London

Hecker J.E., Thorpe G.L. (1992): *Agoraphobia and Panic: a Guide to Psychological Treatment*. Allyn and Bacon, Boston

Ballenger J.C. (1990): *Clinical Aspects of Panic Disorder.* Wiley-Liss, New York
Stodieck R.G., Wieser H.G. (1986): *Autonomic phenomena in temporal lobe epilepsy.* J. Auton. Nerv. Syst. (Suppl.) 611–621*

2.2 Phobische Angst: Objekt- und Situationsphobien

Mathews A., Gelder M., Johnston D. (1993): *Platzangst. Ein Übungsprogramm für Betroffene und Angehörige.* Karger, Basel
Denny M.R. (1991): *Fear, Avoidance, and Phobias: a Fundamental Analysis.* L. Erlbaum Associates, Hillsdale New York

2.3 Kommunikationsängste: Agoraphobie, Sozialphobie, Sexualängste

Leitenberg H. (1990): *Handbook of Social and Evaluation Anxiety.* Plenum Press, New York ·
Goldstein A., Stainback B. (1987): *Overcoming Agoraphobia.* Viking, New York, N.Y.
Kaplan H.S., Klein D.F. (1987): *Sexual Aversion, Sexual Phobias, and Panic Disorder.* Brunner/Mazel, New York
Jones W.H., Cheek J.M., Briggs S.R. (1986): *Shyness: Perspectives on Research and Treatment.* Plenum Press, New York

2.4 Ausbildungs- und Berufsängste: Schulverweigerung, Prüfungs-, Erfolgs- und Arbeitsphobien

Blagg N. (1987): *School Phobia and its Treatment.* Croom Helm, London New York
Schlung E. (1987): *Schulphobie.* Deutscher Studien-Verlag, Weinheim
Gittelman R. (1986): *Anxiety Disorders of Childhood.* Guilford Press, New York

III. Angst bei psychischen und körperlichen Grunderkrankungen (Sekundärängste)

Wise M.G., Rieck S.O. (1993): *Diagnostic considerations and treatment approaches to underlying anxiety in the medically ill.* J. Clin. Psychiatry 54 (Suppl.) 22–26
Kielholz P., Adams C. (1989): *Die Vielfalt von Angstzuständen.* Deutscher Ärzte-Verlag, Köln

3.1 Angst bei psychiatrischen Krankheiten: Depression, Schizophrenie und Zwänge

Priest R.G., Baldwin D. (1992): *Depression and Anxiety.* M. Dunitz, London

Maser J.D., Cloninger C.R. (1990): *Comorbidity of Mood and Anxiety Disorders*. American Psychiatric Press, Washington, D.C.

Hoffmann N. (1990): *Wenn Zwänge das Leben einengen – Zwangsgedanken und Zwangshandlungen, Ursachen, Behandlungsmethoden und Möglichkeiten der Selbsthilfe*. PAL-Verlag, Mannheim

3.2 Herzangstsyndrome: Koronares Angstsyndrom, Herzarrhythmien als Angstquelle, Herzphobie

Bunzel B. (1993): *Herztransplantation: Psychosoziale Grundlagen und Forschungsergebnisse zur Lebensqualität*. Thieme Copythek, Stuttgart New York

Walter P.J., Wenger N.K. (1992): *Quality of Life after open Heart Surgery*. Kluwer academic publisher, Dordrecht, The Netherlands

Byrne D.G., Rosenman R.H. (1990): *Anxiety and the Heart*. Hemisphere Pub. Corp., New York

Pauli P., Marquardt C., Hartl L., Nutzinger D.O., Hölzl R., Strian F. (1991): *Anxiety induced by cardiac perceptions in patients with panic attacks: a field study*. Behav Res Ther 29:137–145*

Strian F. (1987): *Psychiatrische Aspekte des Mitralklappenprolaps-Syndroms*. In: Nutzinger D.O., Pfersmann D., Welan T., Zapotoczky H.G. (Hrsg.) *Herzphobie*. Enke, Stuttgart, 66–74*

3.3 Angst bei Hormon- und Stoffwechselstörungen

Strian F., Waadt S. (1994): *Psychosoziale Aspekte und Krankheitsbewältigung*. In: Mehnert H., Schöffling K., Standl E., Usadel K.-H. (Hrsg.): *Diabetologie in Klinik und Praxis*. Thieme, Stuttgart New York, 697–707

3.4 Epileptische Angstsyndrome und Angst bei anderen Gehirnstörungen

Persinger M.A. (1993): Vectorial cerebral hemisphericity as differential sources for the sensed presence, mystical experiences and religious conversions. Percept Mot Skills 76:915–930

Persinger M.A., Makarec K. (1993): *Complex partial epileptic signs as a continuum from normals to epileptics: normative data and clinical populations*. J. Clin. Psychol. 49:33–45

Strian F. (1992): *Angstsyndrome*. In: Möller A.A., Fröscher W. (Hrsg.): *Psychische Störungen bei Epilepsie*, Thieme, Stuttgart New York, 50–54

Hellstrand E. (1992): *Magnetenzephalographie und Epilepsie*. Electromedica 60:67–73*

Nieuwenhuys R., Voogd J., van Huijzen C. (1991): *Das Zentralnervensystem des Menschen*. 2. Auflage. Springer, Berlin Heidelberg New York*

Strian F. (1990): *Biological basis of anxiety disorders*. Psychiatria Danubina 2:25–43*

Weingarten S.M., Cherlow D.G., Halgren E. (1977): *Relationship of hallucinations to the depth structures of temporal lobe.* In: Sweet W.H., Obrador S., Martin-Rodriguez J.G. (eds.): *Neurosurgical treatment in psychiatry, pain, and epilepsy.* University Park Press, Baltimore London Tokyo, 553–568*

3.5 Grenzen der Angst: Die posttraumatische Belastungskrankheit (Posttraumatic stress disorder = PTSD)

Wilson J.P., Raphael B. (1993): *International Handbook of Traumatic Stress Syndromes.* Plenum Publishing Corporation, New York
Strian F., Ploog D. (1992): *Posttraumatic stress disorder – neuronal damage from catastrophic events?* In: Burrows G.D., Roth M., Noyes R. (eds.): *Handbook of Anxiety,* Vol. 5, 365–386
Strian F. (1993): *Pathophysiologie der Angst.* In: Wunderlich H.-P. (Hrsg.): *Angst-Anfall Aggression.* Zuckschwerdt Verlag, München Bern Wien New York, 59–71*
Miller R. (1991): *Cortico-hippocampal interplay and the representation of contexts in the brain.* Springer, Berlin Heidelberg New York*
Baudry M., Davis J.L. (1991): *Long-term potentiation.* MIT Press, Cambridge Massachusetts London*
Wieser H.G. (1983): *Electroclinical features of the psychomotor seizure.* Fischer, Stuttgart New York, Butterworth London*

3.6 Die Angst vor dem Tod und die tödliche Angst

Lonetto R., Templer D.I. (1986): *Death Anxiety.* Hemisphere Pub. Corp., Washington
Weisman A.D. (1974): *The Realization of Death.* Aronson, New York London
Kastenbaum R., Aisenberg R. (1972): *The Psychology of Death.* Springer, New York Berlin Heidelberg

IV. Behandlungsmöglichkeiten

Bronisch T. (1993): *Grundsätzliches zur Therapie.* In: Möller H.J. (Hrsg.): *Therapie psychiatrischer Erkrankungen.* Enke, Stuttgart, 420–426
Leaman T.L. (1992): *Healing the Anxiety Diseases.* Plenum Press, New York
Roy-Byrne P. (1989): *Anxiety: new Findings for the Clinician.* American Psychiatric Press, Washington

4.1 Allgemeine Behandlungsrichtlinien

Strian F. (1994): *Stufenplan zum diagnostischen und therapeutischen Vorgehen bei Angstkrankheiten.* In: *Angstmanual GEDAM.* Kybermed-Verlag, Emsdetten

Wolfe B., Maser J.D. (1994): *Treatment of Panic Disorder: a Consensus Development Conference*. American Psychiatric Press, Washington, D.C.

Wittchen H.U., Bullinger-Naber M., Hand I., Kasper S., Katschnig H., Linden M., Margraf J., Möller H.J., Naber D., Pöldinger W. (1993): *Was Sie schon immer über Angst wissen wollten! Angst, Angsterkrankungen, Behandlungsmöglichkeiten. (Ein Patientenratgeber)* Karger, Basel

4.2 Medikamentöse Behandlungen

Montgomery S.A. (1993): *Psychopharmacology of Panic*. Oxford University Press, Oxford New York

Kapfhammer H.P., Laakmann G. (1993): *Die pharmakologische Behandlung von Angstsyndromen*. In: Möller H.-J. (Hrsg.): *Therapie psychiatrischer Erkrankungen*. Enke, Stuttgart, 427–435

Kasper S., Ruhrmann S. (1993): *Angst und Panikstörung*. Arzneimitteltherapie 11:118–127*

Angst-Manual GEDAM (1994): *Stufenplan zur Diagnose und Therapie von Angsterkrankungen*, Kybermed-Verlag, Emsdetten*

4.3 Verhaltenstherapie und kognitive Strategien

Foy D.W. (1992): *Treating PTSD*. Guilford Press, New York

Coryell W., Winokur G. (1991): *The Clinical Management of Anxiety Disorders*. Oxford University Press, New York

Gournay K. (1989): *Agoraphobia: Current Perspectives on Theory and Treatment*. Routledge, London New York

Caspar F. (1983): *Verhaltenstherapie der Angst*. In: Strian F. (Hrsg.): *Angst – Grundlagen und Klinik*. Springer, Berlin Heidelberg New York, 383–428

Caspar F. (1989): *Beziehungen und Probleme verstehen*. Huber, Bern Stuttgart Toronto*

Hand I. (1993): *Verhaltenstherapie bei Patienten mit Angsterkrankungen*. In: Möller H.-J. (Hrsg.): *Therapie psychiatrischer Erkrankungen*. Enke, Stuttgart, 534–547*

4.4 Psychodynamisch orientierte Verfahren

Bassler M., Hoffmann S.O. (1993): *Psychoanalytische Therapie bei Patienten mit Angsterkrankungen (Angstneurosen)*. In: Möller H.-J. (Hrsg.): *Therapie psychiatrischer Erkrankungen*. Enke, Stuttgart, 547–555

Sifneos P.E. (1992): *Short-term Anxiety-provoking Psychotherapy: a Treatment Manual*. Basic Books, New York, N.Y.

Richter H.E. (1992): *Umgang mit Angst*. Hoffmann und Campe, Hamburg

Hartung J. (1990): *Psychotherapie phobischer Störungen*. Deutscher Universitäts-Verlag, Wiesbaden

Register

Lebenspraxis – Gesundheit – Psychologie

Rainer Balloff
Kinder vor Gericht
Opfer, Täter, Zeugen
1992. 248 Seiten. Paperback
(Beck'sche Reihe Band 495)

Beate Besten
Sexueller Mißbrauch
und wie man Kinder davor schützt
3. neubearbeitete Auflage. 1995.
136 Seiten. Paperback
(Beck'sche Reihe Band 445)

Reinmar du Bois
Kinderängste
Erkennen – verstehen – helfen
2., unveränderte Auflage. 1996. 228 Seiten. Paperback
(Beck'sche Reihe Band 1137)

Brigitta Bondy
Was ist Schizophrenie?
Ursachen, Verlauf, Behandlung
2., unveränderte Auflage. 1997. 113 Seiten. Paperback
(Beck'sche Reihe Band 1077)

Carlotta Greif
Philipp, 9 Jahre, Unfallopfer
Kampf um ein Kind
1994. 165 Seiten. Paperback
(Beck'sche Reihe Band 1087)

Rima Handley
Eine homöopathische Liebesgeschichte
Das Leben von Samuel und Mélanie Hahnemann
3., unveränderte Auflage. 1996. 272 Seiten. Paperback
(Beck'sche Reihe Band 1131)

Verlag C.H. Beck München

Lebenspraxis – Gesundheit – Psychologie

Jutta Hartmann
Lautlos und unbemerkt
Der plötzliche Kindstod
1990. 91 Seiten. Paperback
(Beck'sche Reihe Band 407)

Jutta Hartmann
Zappelphilipp, Störenfried
Hyperaktive Kinder und ihre Therapie
Mit einem Nachwort von Prof. Dr. Reinhart Lempp.
6. unveränderte Auflage. 1996. 124 Seiten. Paperback
(Beck'sche Reihe Band 333)

Gunther Klosinski
Psychokulte
Was Sekten für Jugendliche so attraktiv macht
1996. 117 Seiten. Paperback
(Beck'sche Reihe Band 1143)

Christoph Kraiker/Burkhard Peter (Hrsg.)
Psychotherapieführer
Wege zur seelischen Gesundheit
4. unveränderte Auflage. 1994. 320 Seiten. Paperback
(Beck'sche Reihe Band 338)

Ludwig Reiners
Sorgenfibel
oder Über die Kunst, durch Einsicht und Übung
seiner Sorgen Meister zu werden.
112. Tausend. 1992. 141 Seiten. Paperback
(Beck'sche Reihe Band 354)

Ursula Schneider-Wohlfart/Georg Otto Wack (Hrsg.)
Entspannt sein – Energie haben
Achtzehn Methoden der Körpererfahrung
1993. 234 Seiten. Paperback
(Beck'sche Reihe Band 1029)

Verlag C.H. Beck München